The War in Northern Burma

Ray Huang

黄仁宇全集

第十二册

缅北之战

九州出版社

图书在版编目（CIP）数据

　　缅北之战 /
（美）黄仁宇著 . —2 版 . —北京 : 九州出版社，
2011.11（2022.10重印）
（黄仁宇全集）
　　ISBN 978-7-5108-1226-2

　　Ⅰ . ①缅… Ⅱ . ①黄… Ⅲ . ①报告文学 – 作品集
– 美国 – 现代 ②国民党军 – 第二次世界大战（1939 ~ 1945）
– 史料 Ⅳ . ① I712.55 ② E296.93

　　中国版本图书馆 CIP 数据核字（2011）第 227912 号

1937 年，黄仁宇就读于天津南开大学时

抗战时着军装的黄仁宇（后排最右），与亲友合影

目 录

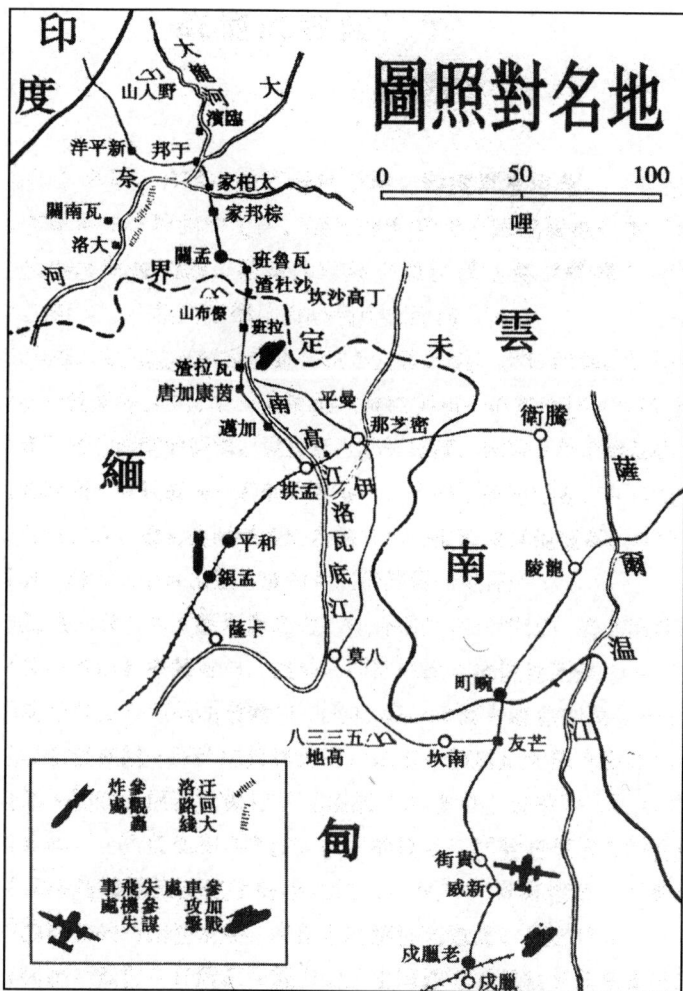

印度

緬甸

雲南

薩爾溫

地名對照圖

0　　　50　　　100
哩

大布野人山
大龍河
臨演
于邦
新平洋
奈
太柏家
棕邦家
瓦南關
大洛河
孟關
瓦魯班
沙杜渣
丁高沙坎
傑布山
班拉
界定
渣拉瓦
茵康加唐
邁加
平曼
密芝那
那
騰衛
南高江
伊洛瓦底江
拱孟
平和
孟銀
薩卡
八莫
陵龍
町喃
八五三三八
高地
坎南
芒友
溫
貴街
新威
老臘戍
臘戍

炸處
參觀毀
大迂回
路線

飛機
失事處
朱參謀
車攻擊
參加戰

地名对照图 *

*　取材自大东书局《地名对照图》。标注的地名以见于内文者为准。——编者注

战地记者黄仁宇 *

林载爵

　　1942 年上半年，日军占领了缅甸全境，印度岌岌可危，一旦失守，日军可以直驱中东，控制印度洋。缅甸的沦陷对中国战场也产生了严重的影响，滇缅公路被切断，西南的国际交通仅靠飞越"驼峰"航线维持。因此，中、美、英三国都认为必须反攻缅甸。

　　1943年春，中国驻印军的补充、训练大致完成，反攻缅甸，打通中印公路的时机业已成熟。2月的一天清晨，黄仁宇和一群军官作为先遣部队，飞过"驼峰"到达印度的蓝伽，设立新一军的总部。此后一年半他就参与了反攻缅甸的行动，并且成为一名前线观察员，当起了战地记者，一边服役一边写了十余篇文章，投到当时最负盛名的《大公报》及其他报章。1945年3月结集后由上海大东书局出版，成为黄仁宇的第一本著作。

　　作为战地记者，为了凝聚意志力，他必须强调光明面，这是他日后在回忆录《黄河青山》中的自白。但是，即便如此，他说他还是自有定见和癖好，那就是想在文字里注意营以下的行动，而极力避免涉及高级长官，并且尽量以亲自在战斗部队之目睹为限。这十

＊　本文是台湾联经版《缅北之战》（2006 年 4 月）的序言。——编者注

几篇通讯无法有系统地将缅北各战役作一描述，但还是保存了几场战斗的细节，包括两次战车攻击，一次飞机轰炸，一次负伤和几次步、炮兵的战斗。尽管是纪实报导，但读者已经可以深刻感觉到黄仁宇的小说技巧，每篇文章有情节、有鲜活人物、有高潮迭起的戏剧性发展、有作者的感怀与意念。透过这本书，我们一定会有同感：黄仁宇日后深具魅力的历史写作方式原来是其来有自。

"军人的生活像一团梦，整个人生的生命又何尝不像一团梦！"（《八月十四日》)，这场缅北之战对黄仁宇的人生观显然有一定的影响。晚年回头这段岁月，他说，每天都有人被炸断腿，头颅大开，胸部被打穿，尸身横在路边，无人闻问，他看到的人类痛苦不知凡几。但是，当死亡不过是一瞬间的事，而生命降格成偶然的小事时，个人反而从中解放。战争带领人们进入生命中稍纵即逝的重重机会及无比神秘之中，因此，战争无可避免会引起各式各样的情绪及感怀。

这样的情绪及感怀只能借助日后的回忆加以抒发。《拉班追击战》一文中提及，他看到一座桥下歪倒着一个敌人的尸体，头浸在水内，他是一个大尉，旁边的树枝上晾着泡湿的地图和英日字典。黄仁宇在战地报导中平实地记录此景，毫无私人情绪。然而，这一幕却让他久久无法忘怀，以至于在《黄河青山》中，他多了这样的感怀："毋需多久，我就发现死者和我有许多共通点，属于同样的年龄层，有类似的教育背景。在死前一天，他还努力温习他的英文！谁敢说他不是大学学生，脱下黑色的学生装，换上卡其军装？想想看，要养大及教育他得花多少心力，接受军事训练得花多长时间，然后他在长崎或神户上船，经过香港、新加坡、仰光，长途跋涉的最后一程还要换搭火车、汽车、行军，最后到达在他地图上标示着拉班的这个地方。千里迢迢赴死，喉咙中弹，以残余的本能企图用手护住喉咙。"接着，黄仁宇又加上了一段神来之笔："在孟拱河谷这个清爽的四月清晨，蝴蝶翩翩飞舞，蚱蜢四处跳跃，空气中弥漫着野花的香味。

而这名大尉的双语字典被放在矮树丛上，兀自滴着水。"

在《密芝那像个罐头》里，他描述云浓雨密下，负伤将士的担架不断扛来。一队美国兵却依旧英雄气概地站着，一动也不动。有些伤兵在呼叫，有些伤兵虽不呼叫，而他们失血的脸却是那么憔悴！战争是残酷的，但这是一幅多么生动的画面！对于这群美国步兵的感怀，他保留了四十多年，在《黄河青山》中才作出表白："倾盆大雨无情地下着，这些士兵肩荷着卡宾枪，显然在等候出发的命令，全都站着不动，不发一语。我能说什么呢？要我说他们英气勃勃地站着，坚忍不拔，昂然挺立，决心承担战争的重任，忍受恶劣天气的折磨？他们的眼圈和无动于衷的表情都让我别有所感。下雨会让他们想家吗？想到九千英里之外的家乡？"目睹这一场景几天之后，就在密芝那，1944年5月26日，在一场战斗中，黄仁宇的右大腿被三八式步枪击中贯穿倒地，所幸没有伤及骨头。"我一生永远不会忘记这一天。"黄仁宇这么说。

本书在出版六十年后重新问世，正可带领我们进入黄仁宇心路历程的出发点，对于黄仁宇的人生观与历史观当有更多的了解。

更河上游的序战

各位看地图，知道印度沙的亚以南和孙布拉蚌以西有一段地区，上面盖满了重重叠叠的等高线，又点遍了圆叶树的记号，国境线到这里就断绝了。这里是属于中缅未定界的地区，我们称之为野人山。顾名思义，大家都可以想象这是怎样的一块蛮荒野地。

这里的树林，绿得发青，又青得带腥。在树林里面，只听得山下急流哗哗作响，枝叶丛里的昆虫鸟兽各发妙音；此外就不知天昏地暗。山洞门口有时伸出一个蛇头，顶上树起红色之冠，当它张开血盆大口长吼一声时，心雄万丈的壮士也不免望而却步。在这样一个马为却行人为涕下的绝域里，我们的"国立"部队，正在以刺刀与手榴弹，写着一首血的史诗。

"国立"部队是去年在缅甸山谷里5月长征的精锐。他们的足迹曾遍涉伊洛瓦底江和更的宛河的南北。一年以来，马更肥，人更壮，兵器愈犀利，斗志愈旺盛。10月28日，他们奉了统帅部的将令，为了保护"东京路"，决定予敌人以无情的打击。

10月29日，他们击破了敌人的抵抗，进入了更的宛河上游诸流汇合的地区；占领了被敌人占领了一年多的新平洋，和大洛西北的战略要点瓦南关。捷讯传来，中外欢颂。

就在这时候，敌人利用后方联络的便利，由加迈以南运到了大量援军以及迫击炮和野炮，使他们在人员与火力两方面都占优势，但是"国立"部队仍以高度的牺牲精神和精练纯熟的技术，发扬着中国军人既坚且韧的特性，与敌人奋战。

10月31日、11月2日、11月初十日，都是短兵相接、前仆后继、血满沟渠、天惊地震的日子。主要的战斗发生于大奈河及大龙河的交汇线，以及以北的于邦和临滨。每至机关枪与迫击炮和奏、山鸣谷应的时候，我忠勇将士无不视死如归，裹伤犹战。激战至十余日，不仅敌人企图消灭三角地区的我军未能达到目的，反而将新平洋的外围据点如临滨、沙牢等地让给了我们。检视战场，尸填丘壑，血洒荆棘，敌我的损害均重。但是我军占领了桥头堡阵地多处，在三角地区的脚跟就站稳了。

敌人在右翼既无进展，又打算在左翼占领一两座高地，以便威胁我军侧背，自11日起，由津川直志少佐亲率敌军五百余人，由大洛北犯，猛攻瓦南关以南我军阵地。岂知出马不利，11日敌军一百六十余人轻率北进，我道路伏击队仅以一排兵力前后左右夹攻，大部敌人应声而倒，仅余少数仓皇遁走。从此敌人北望踯躅，此身正在深渊，前进一步便是死所。而我军则在扫除战场，计算掳获，增强工事，预备敌人再度来犯。

不出所料，12、13、14直至16日，敌人都再三北犯，这是一幕既悲且壮的战斗。我军居高临下，敌人你尽管来，只要你们缴纳死税。几次敌弹命中我阵地，爆音、破片、烟硝与血肉在丛林里面飞舞，可是我们战士无所动乎中。至十六日，仅以敌人遗留在我阵地前的尸体而论，就达百余具，里面经随身文件证实的军官，有荒木中尉与山下大尉。后者经查为敌人在此方面机关枪中队的中队长，即此一点，可见战斗之激烈。在此次战役中，各单位士兵能够勇敢沉着，奋勇抗战，已经高级司令部传令嘉奖。而我赵振华上尉在混乱中仍然精细指挥，奋不顾身，洵属可贵。

16日之后，敌人在右翼方面得到增援，战事的重心又返该翼。22日敌人以山炮及迫击炮向我阵地猛烈射击。入夜敌人由加任方面偷渡成功，使该方面我孤军陷于苦战。但是敌人并没有得到什么。敌人渡河西北犯的部队达五六百左右。临滨之围，达四昼夜。我少数官兵曾忍过炮击，拼过肉搏，修过工事，挨过沉寂，血汗交流，从无休歇，至26日始得解围。而敌人早已损害惨重，既不能攻，又不愿退，徘徊怅望于我军阵地前的死人堆里……

12月之后，天候转凉，白昼更短。我前方战士的挺战却愈加兴奋，而战果也一天比一天丰硕。12月1日临滨之战，我小部队被敌炮集中射击达六小时，又被数倍之敌三面围击，从午前11时战到日暮，我军毙伤敌百余人，检视我军，战死及受伤者不过十数人。于邦我军，从11月23日独立作战以来，至今近月，被敌包围达十余次，敌人不过围着村前村后洒了一道血的圆圈，青天白日旗下的阵地屹然未动。在这些创造光荣纪录、树立优良传统、发扬民族精神的战斗里，李克己少校和刘景福上尉都[有]卓著功勋。

截至目前为止，敌人已经再竭三衰，日来每次潜行退后几百公尺，轻轻掘着急造工事。战友的尸骸，鲜明刺目的日章旗和整件的兵器……都听任纵横搁置在这座阴森的原始森林里……

在山冈上，在大树旁，在灌木丛里，在村落边际，"国立"部队的壮士，却重新准备刺刀与手榴弹，准备写完这首血的史诗。

民国三十二年十二月二十日寄自印度
十二月三十一日《大公报》

缅北的战斗

丛林内的阵地攻击

我驻印军在缅北的战斗，经过去年 10 月与 11 月的艰苦支撑，终于达到了争取时间掌握主动的目的。最近胡康河谷在风和日暖的条件下又度过了一个新年，我忠勇将士也一鼓作气地在大森林里突进四十英里。俯视战迹，尤其追念临滨、于邦我少数部队困守孤村的精神，令人可泣可歌。战线向南推进以后，士气愈为旺盛。无论在杀伤、掳获以及战术战略的成就上讲，都可以打破纪录，树立新军的优良传统。

临滨、于邦我军之完全解围，开始向敌人转移攻势，始自耶诞前夜。我××部队派遣的扫荡队，经过精细的搜索和严密的部署，毅然向村庄西北敌中村中队冲击。这一场战斗，每一寸的进展都是披荆斩棘和冒险犯难：在一片阴森的原始森林里，上面有敌人以钢板构筑的鸟巢工事，下面有俯拾皆是的触发地雷；部队散开之后，前后不能兼顾。但是我将士顾念战友的艰难及赋予本身任务之重大，仍然在敌人火网之下步步跃进。机关枪永远是那么喋喋不休，迫击炮一声声狂吼，偶然一阵地裂天崩，接着烟飞树倒，我汗流浃背的将士却仍然前仆后继地一贯突进。24日午后，两军相持未决，各单位干部亲持冲锋枪，作为士兵楷模，在队伍之前以火力指挥。入夜之后，依然冲杀未已。耶诞日黎明，各班排相继接近敌阵，手榴弹与掷弹筒发挥威力，战斗更趋激烈。一直战至午前10时，枪声较稀，扫荡队突入敌阵。荒草丛里，到处笼罩着一层烟硝与灰土，纵横僵倒的都是敌人遗弃的尸骸，里面有中队长中村大尉等官长四员。掳获的战利品有重机关枪两挺、步枪二十八支、指挥刀和未用的地雷多件。这次战斗不仅使独立作战的部队出围，而且使我军掌握着主动权，开始了以后方兴未艾的攻势。

12月28日，扫荡队以新胜的余威攻击于邦主阵地。我炮兵队在这次战役里发生了很大的功效，几乎像挖泥机[一]样把敌人阵地翻转过来，又以树杆泥块和灰土替他们造了一所集体的坟墓。除夕之前一日，敌人自视死伤过重，前左右三面既为我军的火口所狂吞，后面又是滔滔不绝的大龙河，顶上还有美机所播散的弹雨，只能以一死相逃避。当我步兵勇士提着冲锋枪挺进的时候，敌人阵地内一声声爆炸，大多数敌人已横尸在工事里，化作胡康河谷之露！现在经扫除的战场，发现敌尸已达一百四十二具，里面包括这方面的指挥官管尾少佐以及大队指挥所的军官六员，夺获重机枪三挺、步枪七十一支、指挥刀三把。盟军军官参观战场后，亦复叹为森林攻守战的杰构。

岁序更新，我军继续渡河攻击。战士们俯视大龙河澄清的河水，洗去了面上的征尘，忘却了两月以来的疲劳；并且庆幸愈前进一步，便愈近国门一步。

河东依旧是仰不见天日的丛林，深林里面又蜷曲着数不清的溪流。敌人从临滨、于邦至此，几次攻防，已经筋疲力尽，精神上更受着无限痛苦的打击。沿途退却，早已士无斗志。1月13日，两岸各据点完全被我肃清，敌人散布于各处的尸体，经我掩埋队收集达四十余具，河中流水、河上沙洲和河岸青草处处都是殷红血迹。

14日和16日，我军占领大堡家和乔家两村落，预期敌人坚强的抵抗也不见踪影。因为我军处处掌握着主动，所以无往而不利。17日我李支队出现于敌人的左侧背孟养河畔，敌人曾抽兵与我[军]在两岸血战三昼夜，支队歼敌百余，仍然持续前进。

截至现在为止，大奈河畔的战略要点太柏家已被我军占领一部分；20日夜敌以舢舨向南退却，遭我轻重兵器奇袭，大多数渡河器材都被击中倒翻河中。太柏家是一年以来敌军输送补给的要点。掳获的敌件中也明确地说明敌人准备输送重炮兵至此作战。但是现在形势很显然，这座拉加村的命运将决定于这数日之内。

大洛的奇袭

在新三十八师主力部队的攻击将要明朗化的时候，新二十二师六十五团衔着同一重要的任务，去收拾大洛谷地的敌人。这时候大洛的敌人正向拉家苏仰攻不下。团长傅宗良决沿更的宛河左岸直趋大洛的侧背，这是危险、艰难但是爽飒的战术。

部队渡河之后，找不到地图上所有的点线路。土人说：五年以来没有人走过这里。奇袭队就偏要做五年不来的访客！他们以快刀利斧在密密的丛林里开路前进。芦苇、红藤和纵横交错的枝干逐段肃清，但是部队穷一日之力，只能行进两三英里。

万一行进方向错误？过早被敌人发现？遭遇敌人伏击？森林里面入暮迅速，烟云飘渺，虎啸猿啼，处处刻画着野人山上的惆怅。我纵队在无限凄凉的条件下前进。第七日，前卫首先发现猎物，这一周的辛苦摸索总算得了相当代价！

第一批猎物是敌军一小队，正在河曲处构筑工事，我军渗透至敌军的侧背，然后四面合击。这一场战斗，只杀得敌人遁逃无处，战斗不过几小时，敌人无一生还，阵地转趋沉寂。我忠勇将士们检视战场，虽然手足面部都为几日沿路的芦苇、碎石、尖刺割伤，现在他们都溶浴在杀敌的壮快里，不知道尚置身于野人山上！

敌人前哨既被歼灭，部队长欣喜无似，虽然企图已被敌人发现，以后已进至较有利的地形，俯览谷地，不过六七英里。为了戒备敌人的埋伏，纵队还是周密而谨慎地蠕蠕前进。1月17日敌人由大洛派遣一纵队北上，这第二批猎物，包含步兵两中队、重机关枪四挺、迫击炮和山炮各两门。在敌人的梦想，前哨小队总还可以独立作战到若干时候。不料刚至百贼河南岸，就已进入六十五团的天罗地网。我纵队长眼见这么肥硕的猎品一头头进入陷阱，惊喜得要在树叶上掉下眼泪。这次厮杀经我军拾起的敌尸已达一百八十二具。罄其所有的轻重机枪四挺，都依次在"该团战利品清册"上签到。七五榴弹炮两门虽经敌人推入河中，现在经我重捞获一门，并且这次战役中我军只伤亡十余人，为前所未闻的纪录。联络官闻讯，不住地跷起大拇指向我军兵叫"顶好，顶顶好！"

现在奇袭纵队已经改奇袭为强袭，正在走下山坡准备突入暌隔经年的大洛村。敌人横线已被截断，我军官兵的自信心极高。回忆当由缅甸退却时我们在这个村庄内接过投粮，又在那处渡口撑过渡船，现在一一都在山下，但是今昔的心情相比，我们是如何胜过前年！

缅北战斗

缅北战斗，是国军二次入缅的序战；以后真面目的战斗还要千百倍剧烈于今日。但是我们有充分的自信，我们一定能够干得很好。过去我们在报章杂志上，在演讲辞上，发表多少次，只要我们有飞机大炮，我们可以迅速地打败敌人。今日我们已经拿出事实上的例证，足见以前的论断确切不虚。

我们的指挥官随时专注攻击与主动，我们的士兵相信森林战的能手是我们自己而不是敌人，我们的联络交通比敌人方便，我们的补给比敌人完满……凡是从前敌优我劣的地方，都反了一过面。从今以后，可以让敌人细细咀嚼兵器落后的滋味。

但是我们也要感谢盟军官兵，以上各战斗里，他们无役不从。他们飞着"海鲸"和"鲨鱼"，他们不仅协同作战，而且将我受伤将士运返后方，在我军士气上予以莫大的支援。

那些辛勤开路的工兵，那些筹办后方补给的人员，以及各野战医院与后方医院的军医与护士，都不能仅以一声"多谢"道尽我们心上的感意。没有他们的互助，不能开放这朵同盟合作的奇葩。

孟关之捷

二月十六日

2月16日午夜，胡康河谷的丛林上罩着一重薄雾，布朗河北岸的健儿已经涉入冷彻筋骨的河水，进行着一处局部的包围；太柏家东西，炮声断续不已。这时候月落星稀，夜凉如浸。××部队的指挥所自部队长以至幕僚，正在围着煤油灯四周，不时用红蓝铅笔在军用地图上画着……

大家的注意力集中于日文翻译官。这位二十五岁的青年，戴着高度近视眼镜，一手抚着额头短发，一手正在弹药箱上执笔疾书。现在他的工作是翻译一份敌件。过去留学东京的七年内，他已经把满纸的假名弄得烂熟；所以，现在他毫不费力地工作着，一转眼间，已经写下了一大篇：

"师团以歼敌于孟关附近之目的，决将主力转移至孟关以南
……"

部队长默然无语，四个月的疲劳已使他消瘦了很多；加以最近立誓孟关不剃须，弄得满脸于思。但是今夜满眶红丝的眼睛里闪耀着一种说不出的喜悦。于邦、临滨、太柏家、孟养河，多少次的攻

坚守险，多少鲜血热汗，这些劳力终于没有白费，明天天明之后，就是我们收获的时候到了。

他轻轻嘘了一口气，在一角燃着一支香烟，计画着明天，想象着后天……幕僚们依旧在工作着。

日文翻译官首先打破这一团人的静肃，"这里有一点看不懂，什么长久部队要占领樫阵地……"

情报参谋走上去："没有什么，这是他们的鬼把戏，你就写第五十六联队应占领腰邦卡之线。——或者你就照原文写，我们都看得懂。"

他们一直工作到午夜二时，地图上已经布满了队标队号。部队长的决心早已妥定了，"叫他们追击——"然后手指按在图上："右侧支队迅速夺取这几个制高点——通信补给的情形由幕僚长决定一下。现在敌人恐怕已经发觉我们拿到他的退却命令了；所以——一切要快。"

他们的动作是极尽其快：半小时内，部队长的决心，幕僚长的要领，其他人员加入的细节，经过作战参谋的手笔，已经变成了作战命令。机器脚踏车上的排气管突然勃勃作响，作战命令已经随着轮胎驶向第一线去了。

部队长已经回到吊床上去休息片刻，但是，煤油灯下还是有人在工作着。这件命令由日文翻成中文，又要由中文翻成英文，以便明天"鲨鱼"和"海鲸"起飞的时候多点参考。现在我们可以听到英文翻译官的打字机很清脆的连放，和他们在灯下的对话，"这旅团长和田俊二，日本音怎么读法？"

"爱达长几——"日文翻译官慢慢念着，又在拍纸簿上用大草画着"AIDA—JUNJI"。

"日本鬼子真爱找麻烦，明明写着和田俊二，又要念什么爱达长几——"英文翻译官一面发牢骚，一面照着拍纸簿上的几个字母向打字机钥上使劲地戳着。

可是他不知道五英里以内，丛林的另一角内和田俊二旅团长正在发脾气："马鹿夜郎，要你们将校传令也会失踪！"

月亮又隐起来了，××指挥所静寂了没有多少时候，电话铃子又响起来了，这次是部队长在讲话，部队长在吊床上接到第一线的电话：

"喂喂！是的……我是三八七……喂喂！"

传达排的机器脚踏车已经回来，正在向哨所卫兵发出暗号。

二月二十日

2月20日午后，天气燥热，气压很低，一片片乌云在枝叶空隙里飞过去。大奈河通棕邦家的公路上特别有一种阴郁沉闷之感，久经战场的战士知道这是惨烈战斗的征兆。但是，虽然如此，战士们的心情依旧是轻松的。公路左侧的芦草一动，可以听到上等兵李明和的低声自语：

"他妈的，又是他妈的干蚂蝗……"

周自成回过头去，看到李明和的左裤脚上血红了一大块；一条肥滋滋的干蚂蝗，肚子里胀饱了血。李明和愈是用手乱爬，蚂蝗把头尾的吸盘钉得愈紧，血仍旧不停地放出去。

"不要揣嘛，越揣越紧……"周自成把李明和的手拿开，右手抽空对着蚂蝗上猛力一打，蚂蝗的头尾一松，就掉在地上。

血仍旧在流，李明和也不管，翻开地上的乱草找住蚂蝗，用皮鞋一阵乱擦。蚂蝗看不见了，芦草倒了一大堆。

"踩没用场，……你把它烧成灰，摆在瓦片上露一晚，隔天起早一看它又活了。"周自成说着，一面把钢盔取下来摆在膝盖上，就率性把话匣子打开：

"那天我在那头打死那个日本军官，那蚂蝗才凶，看到人拢都拢了，动又不敢动……"

"你还讲，你为什么要把他打死呢？要是我就要捉活的……"

"哪样不啊！我走到他后头用刺刀对准他，用东洋话喊（日散司洛），他就摸手枪。我想一枪打到他肩膊上，没打得好，把胸膊打穿了，才拢个样子死了吗……"

李明和看他叙述得令人发笑，学着他的川话问：

"你又拢个样子晓得他有退却命令呢？"

"我也不晓得啥子退却命令。我一摸，身上还有两张东洋票子、三张纸。我把他尸身往树林里一拖，拿着手枪、他的东洋帽和那几张纸就跑回来。后来连长说别的不要紧，那三张纸倒是敌人的一道退却命令。说我有功，要报到上头替我请一个牌牌。几张东洋票子倒让两个白美硬是要去耍去了，我也不管……"[1]

李明和逗着他问："铜牌牌有啥子用场哟！打仗也不能挂。还是要连长帮你请五十个卢比倒可以买个手表……"

周自成没有回答，并且慌手慌脚地把钢盔戴了起来。

李明和回头一看，后面草里面排长来了，马上把头低下。

排长把手里的小树枝在周自成的钢盔上轻轻地敲着，一面说："真是丫亚无，敌人把你们抬去了你们还不知道。"

周和李都把头更低下去了，但是排长并没有继续责备。

"现在告诉你们：敌人马上就要向孟关退却，我们在这一路埋伏，就是要断绝敌人的交通，尽量地不让他们回去，也不让他们增援上来。我们可能对两面射击，现在你们再不准谈话；留心看第三班在那大树上拉的那根藤。如果发现藤向左右移动，就是发现了敌人，各人做预备放的姿势——但是还不要射击，看到我的信号枪打绿色照明

1　驻印军士兵称美军中黑人为黑美，白人为白美。

弹，大家才开始射击。你们不要随便跑出去，或者姿势太高，恐怕妨碍树上的射手……"

排长向第一班那边去了。

不知道什么时候，乌云上面开出一个洞，洞口照出来一线阳光。树枝上透过来一阵轻风，带着树叶清香，林子里面只有鸟啼，人都屏息着呼吸。

一分钟一分钟地过去了。

李明和有点睡意。——但是，现在公路北端发现马蹄的声音，又好像没有，又有了，好像是去的声音，结果还是向这边走过来的。李明和回头一看，青藤已经开始动了，他赶快打开冲锋枪上的保险机，周自成已经拿出跪射预备的姿势，而且闭上了左眼。

时间仍旧是一分钟一分钟地过去。

敌人果然来了，前面两个搜兵笨头笨脑地经过设伏的位置。树叶里看到白亮亮的刺刀，逼着眼睛叫人晕眩。李明和一想：不好了，自己蹲的地方一定给这鬼搜兵发现了。不，他的担忧是多余的，这两个家伙匆匆忙忙地走了过去。青藤又左右动了两次，但是没有信号弹，只好让他们向孟关那边去了。

马蹄更响近了，不仅马蹄声，还有驮马不耐烦的呼气和驮鞍上的木箱碰在鞍架上，以及皮鞋踏在公路上的声音。

两百公尺以外，李明和看到一个日本军官骑在领前的马上，没有戴钢盔,痰盂形的军便帽上有一颗亮晶晶的金星。后面一纵队士兵，驱策着驮马一步一拐，李明和一点没有看错，驮马上驮的重机关枪。

敌人的行军纵队已经到了第一班的正前，还是没有看到排长的信号枪。李明和的冲锋枪由敌人的指挥官瞄到第一匹驮机关枪的驮马上，看着这匹驮马又走过去了，还是没有看到排长的信号枪，李明和不由得一阵发急：该不是排长跑到哪里睡着了？睁眼看去，这批敌兵都是矮小愚笨的样子，步枪背在背上，钢盔挂在手臂上，头上都冒着热气，连弹药箱上漆的白字都看得清清楚楚。李明和觉得自己的心脏要跑出来一样，头上有些润湿。……

"冬——司——"

绿色信号弹突然从公路左边树顶上俯冲下来。

李明和对着一匹驮马赶紧射击，但是后面树顶上的轻机关枪先开了火，已经把这匹驮兽和两旁的敌兵推倒在尘土三十公分的公路上，灰土上已经染了一滩鲜血。

公路两边的大树都怒吼了起来，敌人应声躺在灰土上。

近处的芦草也跟着怒吼起来，敌人笼罩在烟尘里。

李明和瞧着烟灰未散的地方还有两三个敌人站着，又对他们射击了一个弹夹。

三月五日

3月5日早上，寒气未散，视界朦胧，但是树梢顶上透过来的晴光，又可以断定今天是一个大晴天。

孟关的十英里内外都是平原，平原上长着小丛林，林内片片林空，林空上面生着丛草。

"机械化的祖宗"在训话，这位"祖宗"还不到三十岁，面上的肌肤和加兰人差不多[1]，因为他是上海战役攻虬江码头的元老，所以有这样的绰号。

"敌人的第十八师团企图退却，但是正面友军把他们胶住了。左翼友军已经深入敌后，现在只要我们杀开一条血路，使敌人迅速崩溃。关于敌情、联络以及作战种种规定，昨天晚上已经和你们排长以上说过，并且要你们排长告诉你们，想必大家都知道了。我现在告诉

---

1 印语"加兰"意为黑色，驻印军官兵多呼印度人为加兰人。

大家的：就是大家要知道，司令部把首先进入孟关的光荣让给我们，我们大家得要争气。并且这是我们部队成立以来的第一炮，第一炮打得不响大家都丢脸……"

"机械化部队作战没有旁的，就是要胆大心细！大家照着规定做去吧，敬祝各位胜利！"

五点差十分，几百匹马力开始怒吼。五点，这群××吨重的家伙跟着开山机到攻击准备位置去了。五点五十，他们脱离了开山机，一个个排成战斗队形，大家呜呜叫着排山倒海地向南面去。

穿山甲很轻巧地换着排挡，从潜望镜里望着左前方排长车上的红色三角形。心里奇怪：怎么还没有遇到敌人的平射炮和地雷？……第二参谋所说的：敌人每个中队有十个氰酸手榴弹，专门对付战车，可不知道什么样子？——他有一颗年轻而好奇的心，他希望今天打一次顶热闹的仗。

车子爬上一座小坡，冲断一根二十公分的树杆，继续下坡，他把左操纵杆轻轻后推，使车身向左，保持和排长的距离。

引擎上发出的热量和噪音令人窒息，穿山甲把额上的汗揩了。不知如何触动了灵感："这和大演习差不了好多。"但是话没有说完，一颗榴弹的爆烟在前面开了花，接着又有几颗弹花在附近开放，被弹面似乎和队形很吻合，空气的震动能由掩盖的空隙透进这×英寸的装甲。穿山甲有些犹疑，但是经验丰富的车长将传声器转在车内人员的听话器上，带着一种安闲的语调说："加油，对直前进，敌人用的好像是一种曲射兵器，不要理他，我们快要脱离危险界了。"

他们仍旧对直着前进，始终就没有遇到敌人的平射炮。途中唯一的障碍是三号车子碰到一颗触发地雷，履带炸破了，车身翻倒在树草丛里。三号车长利用车内无线电话报告："就是履带坏了，车身和引擎都好，没有人受伤。"第四号车子赶上去递补了队形的空隙。

外面太阳渐渐爬高，车内三公分七的大嘴在狂喊，副驾驶手的机关枪也在喋喋不休。穿山甲感觉得衬衫已经湿透了，全身的血管都膨胀着，皮肤上每个汗管成了一条喷泉，嘴内异常干梗。

就是这样地冲进了敌人阵地，敌兵以机关枪对着潜望镜和无线电杆作徒劳的射击。穿山甲顶上的"三七"向敌人机关枪巢大叫一声，这几个可怜的家伙已经连人带枪在尘土起处静默。

还有一堆散兵躲在工事里面，这是枪炮的死角，穿山甲一时兴起，决心"蹂躏"他们一下。车子突驶在敌兵壕的胸墙前面，左驾驶杆拿到底，车子作了一个三百六十度的大旋回，履带下的泥土把这堆猎物活埋起来。

车长又把传声器转过来，叫着："好啦，给你玩够了，后面跟随来的步兵会收拾他们的……快赶上去。"

穿山甲把油门使劲地踩着，车子飞过敌人的工事。

太阳爬得更高，战斗队形已经超过孟关了。

三月九日

3月9日午前10时，××指挥所已经随部队推近到□□村附近。通信兵刚把电话架好，这一片叶绿丛里马上活跃起来了。

战局顺利，这些幕僚们忙着自己的业务。青葱树下，日文翻译官和福冈来的盐冢义与长崎来的谷本正直对坐着。翻译官给了每个俘虏一支香烟，盐冢义和谷本谦卑地弯了弯腰，口里喃喃念着："阿利阿达喔可萨依马司。"

作战参谋在指挥车引擎盖上摊开了一张军用地图，上面有很多红的圆圈和蓝的箭头。这些村镇上面都用阿拉伯字表示占领时间和进入部队：孟关上写的三分之五，新板上写的三分之六，这都属于穿山甲他们的一队。孟关东南十英里的瓦鲁班写的三分之九，这属于李明和他们的一营。更南的占木驿和丁高沙坎附近也写的三分之九，这是另一支队。

另一位作战参谋在拍纸簿上计算战利品，在掳获报告表上登记着：

装甲汽车（完好）二辆，
七五山炮（缺瞄准具）×门，
四七平射炮……
三七平射炮……
……

部队长并没有抽空剃胡须，已经坐着指挥车到前线视察去了，幕僚长看着参谋们的工作，一面问："从追击开始，我们打死多少敌人？"

"已有的数字是一千七百三十一人，但是报告并没有完全。"

"不必等待数字的完全，我们将现有的概数报告上去。"幕僚长走了。

情报参谋和作战参谋谈了几句。

作战参谋跑回去追上幕僚长："报告参谋长，现在俘虏说：敌军残部因为东南公路被我们截断，开始从森林里运动，想由二二七七高地附近渡河沿上山的点线路向西南退却，这和我们的判断符合。我们要不要再下一个命令要右侧支队派人去封锁这条路呢？——问题是因为部队长自己也到这方面去了。"

幕僚长很干脆地回答："我们还是下一个命令。"

作战参谋回到指挥车畔，抽出钢笔在一张稿纸上写下"×作命甲第七一号"。

森林里面仿佛有蜜蜂嗡嗡的声音。

友军的"海鲸"正从指挥所上空飞过去，无线电台和电话总机像前线的机关枪一样的唠叨不休着。

拉班追击战

击破敌人的抵抗线

3 月下旬，我驻印军争夺杰布山以南的隘路，与敌十八师团残部发生激战。3 月 21 日开始于康劳河北的阵地攻击，持续达一周。敌我常常在几码甚至一株大树之下胶着。丛林中，隘路内，敌人坚强工事之前，既不能展开多量兵力，也无从施行细密的搜索，我新二十师六十六团奋勇以冲锋枪、手榴弹——寻求敌人步兵与之接战。该团过去在腰邦卡，曾经以一敌六，创造以劣势兵力获得辉煌战果的奇迹，这一场战斗，更使该团的军旗生色。双方的火线由二十码而十码，推至五码，甚至接触，重叠，交错。而这样一条犬牙交错的战线，随着敌我的接近，因为攻守两方战斗精神的旺盛，以致处处开放着投掷兵器的弹花。战斗最惨烈的两日，步兵勇士连续以手榴弹投入敌人掩体的火口内，但是被敌人在未爆发的瞬间拾着投掷回来。在某一处工事之前，相持达几十分钟，某无名勇士一时奋起，自愿与敌人同归于尽，以五指紧握着已经发烟的手榴弹伸进敌人的掩体内听候爆炸，终于将藏匿在内的四个敌人一一炸毙。攻击北岸一处碉堡时，张长友上士遍身束缚手榴弹冲入敌阵。这种高度的牺牲精神，不仅使敌官兵感到震慑，盟邦人士亦为之惊骇。3月26日，我军攻击敌加强中队阵地一处，敌官兵九十七名顽强抵抗，战斗结束，我军发现敌尸九十四具，残存三人狼狈逃遁，某班长拔出刺刀作飞镖，中其中之一人。27日，六十六团继续攻击高乐阳附近的阵地，团队长是一位勇敢好沉思主张出敌意表的将才。他的攻击准备射击，耗用了近两千发的炮弹，然后找到敌人阵地的弱点，施行中央突破及分段席卷。28日敌人不支溃退。十天之内，我军为敌掩埋三百具尸体（计算敌军伤亡当在一千以上）。掳获敌炮四门、轻重机枪十二挺。

同日六十六团迂回至敌后的一支队，以及密里尔将军统率美军相继到达敌后交通线上。虽然敌军在以西的丛林内另辟了一条汽车道，但是主要抵抗线既被击破，侧翼又受威胁，不得不往南逃命。29日之后，我军开始纵队追击。30日清晨，超过交通要点沙杜渣，一日进展约十英里。步兵在丛林战中有此速率，实在令人敬仰，以致30日午间，我们以指挥车追随至六十五团后面，久久不见第一线营的踪影，为之深感惊讶。

找到了窦营长

那天，我们到第一线营去。

我们午前十一时由六十六团指挥所出发，一路经行山腹，路幅宽窄无定，路面又未铺砂石，车行非常不便。沙杜渣以北，辎重部队的驮马不绝于途，车行速率不能超过五码。这条路上还没有经过工兵搜索，半点钟以前，一匹驮马正遇着触发地雷，左前蹄炸掉了，尸骸委曲地躺在路侧，地上一滩鲜血。驾驶兵换上低速排挡，眼睛不停地注视在路面上，左右摆动着方向盘，处处吸动着车上人员的神经，使我们感觉着若断若续的紧张。

沙杜渣是孟拱河北渡口的一片林空，原有的几十家民房，只剩着焚后的屋柱，与附近弹痕寂寞对照。但是这些战场景象与丛林内的尸堆相比，则感觉得太普通、太平常了。

车子沿着渡口弹坑转了几转，我们进入了孟拱河谷。

这一带树林仍旧很密，路左是孟拱河的西岸，碰巧在一堆芦草空隙处，可以望见西阳山（Shiyang Bum）上的晴空。

路上几百码的地方没有一个行人，我们好容易遇到一个通信兵，但是他也不知道第一线营的所在："刚才还在前面一英里的地方，现在恐怕又推进了。"

道路笔直，好像森林里面开好的一条寂寞小巷，路面松软，车轮在上面懒洋洋地走着，丛林里面各种飞禽与昆虫很活跃。

在孟拱河第一道河曲处，我们终于遇到了一群祖国的战士，但是他们并不属于第一线营，他们是六十六团派出的敌后支队，他们在两个星期之内，爬经三千英尺的丛山，迂回三十英里，经过人类从未通过的密林，自己辟路前进。在河东岸，他们以机关枪奇袭敌人的行军纵队。在河西岸，他们掳获了敌人一部汽车，击毙了敌人几十名，前面一百码的地方，还有敌人遗弃的尸骸。他们正拟北进沙杜渣，不期在公路上与六十五团会师。他们的任务已经完成，正待接受新命令，但是，他们已经快三天没有吃饭了。

这些弟兄们精神体格非常之好，他们正在打开罐头，填塞着空了三天的肚子。有的已经坐在道旁，燃着一支香烟。这里隔第一线营不到三百码，已经听到前面的机关枪声音，我们跳下了汽车，果然在道左树林下面僵卧着两具敌尸，苍蝇飞在死人的面上，酝酿着一种奇臭。

我们到了第一线营，战士们散开在公路两旁，右面森林内，相去不到五十码，第 × 连正在向西搜索，不时有几声步枪 [响]，有时有三四发冲锋枪的快放，敌人三八式步枪刺耳的声音，夹杂在里面。

"屋务——"

敌弹弹头波正在冲开空气前进，可是道路上往来的通信兵传令兵和输送兵都是伸直腰很神气地走着，我们也学着挺直着腰。

在一棵小树下，我们见到了闻名已久的窦思恭营长，他是第一位率部至敌后，首先以寡敌众的青年将校，同行的郑参谋替我们介绍。

窦营长告诉我们：发现正前面敌军一处掩护阵地有两挺机关枪，第×连正在与敌人保持接触。左翼孟拱河可以徒涉，已经与隔岸友军联系好了。右面森林里还有敌人的散兵和狙击手，第×连正在向西搜索。右侧敌人另外辟了一条公路，可以走汽车。这方面友军还在我们一千码后面。

郑参谋另有任务，将指挥车驶回去，我决心留在营指挥所看看战斗的实况，约定请他明天日落时候派车来接我。

阵地之夜

现在我看到他们的指挥、联络与战斗了。

傍晚，第一线连搜索兵回来报告："正前方两百码公路两侧有敌人，携有机关枪，右侧森林里有敌人，右前方草棚里面也有敌人。"营长决心在附近构筑工事，准备明天拂晓攻击；一声命令之下，几百个圆锹、十字镐，向泥土内挖掘，有些士兵拿着缅刀在砍树干，准备作掩盖。

我卸下了背囊与水壶，坐在背囊上与窦营长安闲地谈着。

我发现窦营长有一个奇怪的习惯，他喜欢把钢盔在布军帽上重叠的戴着，到了没有敌情顾虑的时候，就把钢盔拿下来，用不着再找布帽。还有，他的步枪附木上有一处伤痕，后来我才知道是大洛之役炮弹破片打中的。

"敌人很狡猾，今天晚上说不定要来夜袭。"

"我很希望能够参观你们的夜战。"

电话铃响了，通信兵接着，将耳机交给营长："窦先生，第六号要你讲话。"

我在旁边听着，窦伸过手来，对我说："黄，请你把航空照像给我。"我从图囊上把航空照片递给他，依旧听着。

"喂！你是六号吧，喂，你前面应该有一片林空，大概三十码长，五十码宽，有没有？通过前面第二个林空就是拉班了……有房子没有了？……河左边有一道沙洲，有没有？……还看不到吗？你们隔拉班只有两百码了。六十六团还在我们后面一千码的样子，今晚上你们要防备敌人夜袭……茅篷里面还有敌人？……喂，你等一等，我自己来看看。"

窦放下电话机，对我说："黄，你在这里等一等，我到第一线去看看。"

"我很想跟你去看看，不会妨碍你吧。"

窦戴上了钢盔，一面说着"没有，没有……"我已经跟在他的后面，更后面，还有窦的两个传令兵。

我们彼此保持几步距离，沿着公路前进了一百七十码，到达第×连的位置。这里有一座茅篷，右边有一处林空，和航空照像完全吻合。前面五十码还有一座茅篷，敌人的机关枪就在缘角射击。右前方突然一声"三八式"，弹头波震动着附近的枝叶，我们的步枪和机关枪马上向枪声起处还击，枝叶很浓，看不见敌人。

窦指示了连长几句，我们依旧还回营指挥所。

夕阳照着河东来去的运输机，这家伙正在树顶五十码的低空投掷给养。枪声较稀，伙夫蹒跚着送了饭菜，美军联络官也来了。

我们在小树枝下打开饭盒，里面有咸肉与豆荚，联络官带来了啤酒，他用小刀把啤酒罐弄破，啤酒泡沫溢在罐外。

就在这时候，前面很清脆的一响，窦的传令兵叫着："敌人炮弹来了！"我们卧倒，尽量地使身体和地面平贴。

"屋务五务——"弹道波浪很尖锐,然后"空统"!炮弹在我们后面一两百码的地方爆炸,爆炸的声音既清脆又沉闷,丛林里面有回响,还听得着几根枝干的断折声。

第二炮比第一炮落得更近,敌人在修正弹着。

炮弹一群一群地来了,敌人山炮连在施行效力射,空中充满了弹道波,一百码以外,落弹爆炸声音堆砌着,我仿佛看到孟拱河的河水在震荡,但是河东的给养飞机依旧在盘旋。

窦贴在地上和部队在通话,我回头看去,我们的豆荚和啤酒,在我们匆忙卧倒的时候都打泼在地上了,我拾起一个啤酒罐,罐内的液体已经只剩三分之一。听敌人火身口的声音,还是四个一群地在吼。

入暮以后,炮声较稀,我们嚼着冷饭与剩余的咸肉,窦一面吃饭,一面和美国联络官讲话:

"McDaniel 上尉,你要升少校了。"

"我一点也不知道。"

"他们都说,你下个月就要升少校。"

"或者——或者可能。"

"为什么要说或者呢?"大家都笑。

送小炮弹的货车,为了贪图倒车容易,一直开到敌兵出没的林空里去了,副营长和传令兵张大着嗓子叫他回来:"你们上去送死呀!"但是驾驶兵居然在林空里将车子倒了一个转,很敏捷地开回来,防滑链条打在地上锵锵地响。

暮色更浓,森林虽然经过一天枪弹炮片的蹂躏,还是表现着一种幽静阴沉的美。

我和窦睡在一个掩蔽部内,面上手上都涂了一层防蚊油,一个蚂蚁跑进我的衣领,我想去抓它,身体蜷曲着不能翻转,感觉得很苦恼。现在枪声炮声同时来了,我们的前面、右面和后面都有机关弹在射击。

今晚敌人果然来夜袭，我们岂不是占领着一道背水阵？

敌人炮弹虽然都落在我们后面，我又记起窦营长的一句话："如果敌人炮弹多的话，或者会沿着公路来一个梯次射。"

背水阵、梯次射，这些念头不住在我脑内打转，我又记起今天是3月30日，明天31，后天就4月1日了，掩蔽部外面电话兵唠唠叨叨地在炮火下利用电话空闲和同伴谈着不相干的事，五码之外，步哨叫着"哪一个？"我感觉烦闷，潮湿空气令人窒息，瞧着窦一会听电话，一会翻过身又睡着了……

那一晚没有夜袭，也没有背水阵和梯次射，我那阵烦闷的情绪不知在什么时候渐渐平静下去，我的呼吸渐渐均匀，也就一睡到天亮。

第二天早上

第二天早上，是3月最后的一日。

拂晓攻击没有实施，敌人都后退了；但是我们搜索兵前进了不到一百码，又和敌人接触，掷弹筒，"三八式"，从树叶丛里飞过来，我们也回敬以冲锋枪。半小时内，前面射击得非常热闹。

电话铃又响了，第一线连报告："正面敌人后退了一百码，右侧翼没有敌踪。我们斥堠向西搜索，半英里，没有发现敌兵，也没有发现六十六团友军上来……"

"正面敌军非常顽强，我们前进，他们射击得一塌糊涂，我们一停止，他们藏起来一个也看不到……"

窦决心亲自到第一线排去视察，我跟着他一同去。

我们有了前面林空的一半，第一线连已经逐渐渗透至右侧林缘，一路大树根下，都有第一线连的急造工事。左边公路与河岸相接，河岸有几棵大树，一堆芦草，我们可以看到河里的草洲。这就是拉班，地图上用大字写着的 LABAN。我真奇怪，地图上的家屋，这里连踪影都没有，这里只有几座茅篷，看样子还是新近修筑的。

机关枪和小炮射击手对着公路上和林缘的出口，小迫击炮弹药兵正在打开一个个弹药筒，他们表现得那么安闲和镇静。

邱连长引导我们分枝拂叶地到了第一线排。弟兄们卧倒在大树下面，有的把橡皮布晾在树枝上，还有人吸着香烟，树干上两公尺以内都是枪炮刮穿侵透的弹痕，偶然还有"三八式"刺耳的"卡——澎！"我真羡慕这些祖国健儿们安之若素的态度，这时候说不定可以飞来一颗枪榴弹和掷榴弹，说不定会掉下来一串机关枪的弹雨。恐怕这几个月来的阵地生活，已经使他们不知道什么叫做紧张了。

"这前面二十码的茅篷里面就藏着敌人——"邱连长指向前面。

我蹲下去只看到丛林里面一团青黑，或者最黑的地方就是所指的茅篷，但是看不到敌人。

我看到营长给连长当面指示，说话的时候两个都站着，去敌人只有二十码。

"我想敌人正面虽然宽，当面敌人没有几个人了，我们得马上攻上去，无论如何得把道路交叉点先拿下来。第×连配属一排给你指挥，警戒右侧翼。——你小迫击炮弹够不够？……"

"够了。"

"你尽管射击，我叫他们再送几百发到营指挥所，——要是右翼李大炮他们早一点上来更好。迫击炮我亲自指挥，山炮连的前进观测所就在你们这边吧？你叫他们延伸射程——"

"请给我一个救急包？"

攻击开始之后我跑到炮兵观测所，那边靠孟拱河很近，左右都很开阔，是观战的理想地点。

我看到他们一个个前进停止，看到他们射击，同时敌弹的弹头波也在我们头上成群地飞过去，我们选择的地形非常之好，对直射兵器毫无顾虑。

敌人知道我们步兵脱离了工事，开始向我们炮击。

"屋务五务——嗤！空统！"第一炮在我们后面两百码处爆炸。

"屋务五务——嗤！空统！"第二炮在我们前面一百码处爆炸。

这两发试射的炮弹既然这样接近，显示着敌人已经选择这一片林空附近做目标。一群炮弹落在营指挥所的右侧，一群炮弹落在前面树林里，一群炮弹落在正前面空旷地，带给了我们塞鼻的烟硝味，一群炮弹落在后面孟拱河里，激起了几十码高的水柱。

我们冲动而忍耐地蜷伏着，但是炮兵观测员和炮兵连长正在听着敌火身边声音，他们对着射表讨论，然后：

"三二〇各一发——三一四各一发——二九八各一发！"指示我们自己的炮兵阵地。

我们的听官确实应接不暇，敌人的炮弹有山炮、重炮和迫击炮，现在我们的炮弹群也充塞在空间了。

冲动着，忍耐着，蜷伏着，四十分钟之后，敌弹才离我们远去，我瞧着一位受伤的弟兄，头上缠着救急包，口内不停地叫着哎哟，三步两步地经过我们的位置。另一棵大树之下，一位弟兄伤了背脊，他静静地俯卧着，战友们帮他撕开背上的衣服。还有一位弟兄腿上沾满了鲜血，身体靠在歪斜的树干上。他的一身都不能动，但是痛得将头部前后摆，眼泪淌在面上，我看着旁边的士兵替他包扎，我问他：

"你们救急包够不够？"

正在帮他包扎的士兵抬起头来："有吗，请你再给我一个救急包。我的两个都给他们用掉了。"

我分了一个救急包给他，这时候担架队已经扛着沾满了新痕旧印血迹斑斑的担架跳着跑上来。

这一次攻击，我们前进了两百码，迫击炮连一位班长殉职。刚才还是一位勇敢负责的干部，半点钟内已经埋葬在阵地的一端。第×连也阵亡了一位弟兄。

不知道什么时候下了雨，一点一滴，落得非常愁惨，我冒雨跑到那位班长的新坟上去。林缘附近，士兵们正在砍着树木，增强新占领的阵地。刚才用作迫击炮阵地的地方，现在只剩得纵横散放的弹药筒和刺鼻的烟硝味。前面很沉寂，只有几门小迫击炮和小炮，为了妨碍敌人加强工事，半分钟一次地盲目射击着。

阵亡者的武器，已经给战友们拿去了，坟边只剩着一个干粮袋，里面还剩着半瓶防蚊油……

雨落得更大了，一点一滴掉在阵亡者的新坟上……

那一晚

那一晚我并没有回去，森林里面我听到右翼六十六团的机关枪和手榴弹越响越近，快要和我们并头，部队长因为了雨声可使行动秘密，又加派了×××另辟新路到敌后去。这都是很好的消息，我想再待一夜。黄昏之前我打电话给郑参谋，叫他不用派车来接我。

相处两日，我和营长以下树立了很好的感情。我才知道我们的军官都是面红红的像刚从中学校出来的男孩，但是事实上他们比敌人留着半撇小胡须好像都是兵学权威的家伙不知要高明多少倍。我看到这些干部早上挤出牙膏悠闲地刷着牙齿，或者从背囊里拔出保安刀修面，我才知道，他们并没有把战斗当做了不得的工作，仅仅只是生活的另一面。

起先，我总奇怪，这些弟兄们作战这么久，怎么一身这么洁净？后来我才知道，他们任务稍为清闲或者调作预备队的时候，就抽出时间洗衣，一路晾在树枝上，随着攻击前进，至晒干为止。有时候看到他们吃过早饭就将漱口杯紧紧地塞一杯饭准备不时充饥。有些弟兄皮鞋短了一只，一脚穿上皮鞋，一脚穿上胶鞋，令人触发无限的幽默感，也令人深寄无限的同情。部队里的工兵和通信兵，技术上要求他们紧张的时候松弛，松弛的时候紧张，而他们也就能够做到那么合乎要求……

一位弟兄分给我一包饼干，我知道他们自己的饼干都不够，但是他们一定要塞在我的手里："这是上面发下来，你应该分到这一包！"

另一位弟兄帮我培好掩蔽部的积土，然后笑着说："保险得很！"

那一晚我有我"自己的"掩蔽部，窦的两个传令兵找了很多迫击炮弹筒，替我垫在地面，筒上有一层桐油，我再不感到潮湿，我把背囊里的橡皮布和军毯，学着他们一样，好像在钢丝床上慢慢的铺得很平，再不想到背水阵和梯次射，很安稳地在枪炮声里睡着了。

桥底下的大尉

早上，我爬出掩蔽部，在朝气里深深呼吸，抬头看到四月份的阳光。

窦和他们的士兵忙碌得不得了，我们的重炮、山炮、重迫击炮、轻迫击炮一齐向敌人射击。×××开路威胁敌人已经成功，××又和我们并肩了，我们准备奋力一战。

昨天炮弹落得最多的地方，今天是我们迫击炮阵地，我看到射击手将鱼雷形的重弹一个个向炮口内直塞，然后这些怪物以五十多度的发射角直冲而去。敌人炮弹也不断向我们飞来，五码以内，窦的传令兵拾起来一块两英寸长的破片，生铁仍温热烫手。但是这时候每个人只想着如何发扬我们的火力，每个人都竭心尽力于本身的工作，大家都感觉得敌弹的威胁轻微不足道了。

射击手依然将炮弹一个个塞进去，炮口很顽强地一个个吐出来。这时候只少了班长；班长长眠在炮盘右面三十码的地方，已经经过十六小时了。

步兵勇士们好容易耐过炮战完毕，现在是他们活跃的机会到了。他们长驱直上，前进了五十码、一百码、一百五十码，我们越过那几座茅篷。昨天，我们还仅仅看到河上草洲的一个角，现在我们已经在草洲的右前面。第一线连还不断地在推进，机关枪和手榴弹震动着丛林内的枝叶与孟拱河水。

右边丛林里发现一具敌人的尸体，我和窦的一个传令兵去搜索，我们彼此掩护着前进，恐怕遭敌人的暗算。进林十码处我们看到两顶日本钢盔和一顶军便帽，草堆上躺着一具敌尸，颈上腮旁都长着一些胡须，绿色军便服上凝结着血块，机关枪子弹穿过他的喉头和左胸部，地上一堆米饭，一群蚂蚁……

我拾起那军便帽，里面写着："熊本正——四十七部队。"

传令兵把他的尸体翻转过来，在他的身上找到两张通信纸，上面写着"菊八九〇二部队第二中队"，此外在一个小皮包内找到长崎什么寺的护身符和一块干硬了的牛肝，那牛肝是什么意思，我至今还不懂。

传令兵很怅惘，没有他所要的日本卢比和千人缝。

我们回到公路上。一棵大树，被炮弹削去了一半，地上躺着一个士兵的尸首，破片打开他的脑部。传令兵打开他的背囊，背囊里还有一箱重机关枪子弹，看样子是弹药队跃进的时候被炮弹击中的。翻开干粮袋，干粮袋里有一包白锡包香烟，和一包饼干。

传令兵拆开饼干，一面说着："昨天发的饼干都还舍不得吃，现在又打死了。黄□□，你吃不吃？"

我默默地摇了摇头。

我们继续前进。沿途看到担架队抬下来几位负伤同志，我们又穿过两个林空，循着公路向右转，跨过一座桥，桥底下歪倒着一个敌人的尸体，头浸在水内。

好容易追上了第一线连，全身装具弄得我汗流浃背。

邱连长给我看他新俘获的一支手枪：

"你看见桥底下的尸体没有？"

"看见的，头还浸在水内。"

"这是敌人的一个大尉，手枪就是他送我的。"

树枝上晾着水湿的地图和日文字典，这也是桥下大尉的遗产。

我得了一个大尉领章和一张十盾的日本卢比。

前面还在推进，机关枪还在怒吼。

敬祝你们攻击顺利

缅北四月的气候是这样的毫无定算，午前还是大晴天，午后就下倾盆大雨。我没有找到汽车，只好包着橡皮布回去，路已经被雨水冲为泥坑了。

我在雨中蹒跚着回去，离前线渐渐远了，雨声里，还听到敌人向我们步兵阵地不断炮击。

窦营长、邱连长、六十五团、六十六团、新三十八师第一一三团，一步一步离你们远了，但愿你们攻击顺利，早达孟拱！

民国三十三年四月十日寄自缅北

四月二十一日、二十三日、二十四日《大公报》

贵阳广播电台播送

随车出击记

在缅北的战斗里，我战车群建立了很大的功勋。

自辉煌的 3 月开始，他们每日整备车辆，待机出击，冲破敌军阵线，蹂躏敌高级司令部。这班"淘气的孩子们"成天与尘土、饥渴、烟硝为伍。二十四小时之内，他们所看到的尽是血和肉：辗平在履带下的血肉，被榴霰弹推倒在地上的血肉，下战车时伏在公路上的血肉，和被敌军四七破甲弹突贯，在驾驶座位上成仁的血肉……

但是这班珠江、柳江、湘江和嘉陵江上的孩子们，平均年龄不过十九岁，战斗与淘气是他们的第二天性，经过一串的疲惫而血汗交流，他们共同的结论是："好耍，好耍得很。"

4 月 23 日他们决定在南高江东岸五七一高地以南的丛草地内使用战车，我坐他们 × 部指挥组的战车，随同他们出击。

早上，晨曦刚透入孟拱河谷，我们已经进入西阳山下的待机阵地里了。

这些十 × 吨的家伙纵横疏散在林缘内外，战车兵坐在草地上，步兵团长、× 指挥官、赵副指挥官和战车营的赵营长围着一张航空照像，他们决定攻击开始的时间、攻击到达线、火力指向的地区和特别的联络方法。

无线电车上的美国士兵嚼着口香糖，一位四川孩子正在向××通话，他们的符号编成暗语，每句话又重复地说着，听来很可笑的：

"——二少爷，二少爷，把你的拖鞋，拿过来，拿过来！"

"豆腐店老板，豆腐店老板，我的小孩，我的小孩，不吃奶了，不吃奶了！"一大堆人围着笑，美国士兵也跟着笑，但是他不知道为什么笑，只好："No good，顶不好！"

空中掩护战车音响的P–40已经在飞来飞去，重炮正向当面敌人怒吼，开山机已经回来，向营长报告，进入路开设好了。

连长再告诉每个车长，我们先要向东前进一千码，然后才向南，那边芦草很深，不要过早下去，否则会陷在污泥里。

指示完毕，登车，出发。

我高踞在第九号车车长的位置上，在我左边的是搜索排的王排长。

我们通过一处小河，工兵队正拆去河上的轻便桥，预备架一座永久桥。战车群在桥左的河床内通过，履带一片片掉在水里，像农家的水车一样，上了河岸，换挡，加油，战车很轻快地上坡，炮塔上的战车兵抖巍巍地到了坡顶，坡顶有一根树枝凌空横挡着，每一个头盔经过这里时便都藏在炮塔里去了。

路上步兵们看着战车惊奇而喜悦地傻笑着。一辆指挥车看到战车来了，尽量地避开道路，躲在路旁草丛里，车上人员也聚精会神地欣赏着战车。

道路至此完了，战车群突入开阔地。前面的战车排成楔形，我们在楔形的内面。车行加快了，履带辗断的枝叶飞在我们面上，前面车辆所卷起的泥灰像一层烟幕，灰土充塞着我们的眼耳口鼻，我们也看到前面我们的炮弹的弹着。

太阳在我们左面，我发觉到我们的队形已经向南直进了，我看到了我们的步兵，也看到他们在树上所布置的信号板。我们出了步兵线，向着敌兵盘踞的林缘直扑。

"空统！咖咖咖咖咖！"

楔形的尖端已经发现了敌人，开始射击，视界很开阔，连长车上的无线电指挥着战斗队形。

"拍拍拍拍拍……"

敌人的机关枪也向战车还击了，我们赶紧缩进炮塔，放下掩盖。

从潜望镜里看过去，右面有一片一英里宽的丛草地，正前方有一条小河，左边也有一条小河，两河直交，河岸都有小树和丛草，敌人就潜伏在这一带。

枪炮响得更密，可以感觉到敌弹在装甲上跳跃。但是我们一切都居上风，还没有遇到敌人的平射炮。我们楔形的左半部已经到左面河边树林里去了。我们可以看到"三七"的炮弹在林内爆炸，枝叶在应声瓦解。

我们在变换队形，楔形的右半部掩护左半部渡河，然后两半变为两个纵队，隔河直下。河左岸的敌人站起来向后逃，战车追上去。两个纵队一面射击，一面直到前面河缘，冲断小树，压倒丛草，互相向内转，将车辆驶了一道剪形路线，蹂躏敌人的阵地，然后很轻巧地回来。但是炮塔仍然恋恋不舍地回过去继续向敌人清算。每当车子和人身同时震动的时候，一种压力紧迫肺部、射击手打开炮门，黑暗而动荡的身像在隧道里行驶的火车厢，代替机车上放散出来的煤烟的是刺鼻的烟硝味……

离敌人渐渐远了，各车的炮塔转正，我们打开掩盖，抬头看见一碧晴空与安然无恙的南高江，P-40已经飞到两英里外去了。我们的步兵正在前进，我们攻击只耗费了二十分钟，现在前面树林里有步兵勇士的冲锋枪响了。

我们退回待机阵地，经过树林的时候，车子减速，炮塔上的炮击手将三七弹壳一堆堆地抛下来。大家叫嚷成一片：

"你射击多少发？"

"今天只打了五十多发。"

我几乎笑了出来，二十分钟射击了五十多发，平均你每分钟就射击了两发半，还不给你"耍"够了吗？

放下了头盔与无线电发声带，一个个跳下车来。烟、灰、汗，三位一体，每个人都是这样一副面孔，鼻子左右两端聚灰特别多，像平剧里的脸谱。

"首脑部"的几位马上围着地图与航空照像去讨论去了。今天奇袭成功，人车都没有损失，根本就没有遇到敌人的平射炮，因为地形开阔，战车肉搏班根本不敢接近。但是，第十一号车陷在河左岸的烂泥里，现在还没有拖出来，有一排步兵保护着。

第二参谋和第三参谋更忙，他们到每一辆车子下面去询问战斗经过。综括起来：河右岸的车子没有直接看到敌人，但是火力都已指向步兵所要求的地区。河左岸的车子突入了敌人步兵阵地，消灭了两挺重机关枪。

一张黑面孔眉飞色舞地说："我压了敌人的一挺机关枪！是我压的！"

另一张黑面孔也眉飞色舞地说："十一号车子就是要去压机关枪，才陷了下去嘛！"

我对这样热闹的场合感觉得很兴奋，仿佛我也沾上了一点光荣。驾驶军士指着车上的小白点给我看，这都是敌人的机关枪子弹碰擦上的。

一共才叫嚷吵闹地休息了四十分钟，首脑部根据各方报告认为这样的攻击很有利。为了彻底消灭敌人的机关枪巢，决心再攻击一次。但是这一次用不着××辆的大编队，只派遣了七辆：第×连的五辆为第一线，王排长的两辆为预备队，预备队要第一线车辆发生故障与空隙的时候才许上去，或者突然发现敌人侧防机关枪的时候才许射击。

我坐在王排长车上副驾驶手的位置，引擎发动以后，赵营长特别又跑过来叮咛我们："你们绝对不要为了好玩随便射击，不是刚才所说的情况，就是发现了敌人，也不要加入战斗。——不是玩的。"于是，我们又循着原路前进了。

副驾驶手的位置更便于展望。左边有一挺气冷式的重机关枪，松开销钉，方向和仰度都很能运动自如。空隙里望到驾驶手手脚一致地换挡，眼睛不断地注视前面，这时候无线电耳机很吵闹，王排长和他的射击手争论一个小问题：

"刚才我们走这边来的。"

"哪里——这里是敌人前晚截路的地方，要到那棵树下才是……"

但是耳机里还是传来一阵沙沙的声音："靠右一点——好了，照着前面独立树走。"左右操纵杆前后运动，车子定着波状路线。我心里正想，敌人刚刚喘息未定，看着这些怪物又成群结队地来了，不知如何狼狈？炮塔上王排长在叫"快关掩盖！"我把掩盖放下来，驾驶手离开操纵杆去放掩盖，车子还是朝前走着。

我们旋动着潜望镜，看到五百码以内重炮的弹着，这是我们阵地里打来的烟幕弹，在替我们指示目标。

车子再前进了三百码，前面五辆，成为一列横队，我们后面二辆保持着三十码的距离。

这一次攻击比较富于危险性——敌人已经把平射炮拖上来了。一发平射炮弹正打在五号车子前面，我们看着五号车子滚进沟里，而且躺着不动了，我们正匆忙加速前进想去补上间隙，但是五号车子突然又爬出水沟，并且奋勇向敌人冲击，所有的枪炮一齐向敌人加速狂射。

我们前进到河边林缘，所有的车辆向敌停止，对着攻击目标吐尽枪弹炮弹与胸中闷气。在森林地带作战，我们不能亲眼看到我们的战果，但是就让这些小炮弹在敌人阴森的工事之内爆炸，以倒塌的掩盖替这班不知死活的家伙造一座义冢吧！敌人的平射炮又射击了，弹着在五号车子的左边，可以看到浓烟。这时候每一秒钟都充满着惊险。我们的车子不放弃当面射击目标，但是将车子前进后退，左右摆动，使敌人瞄准困难。驾驶手不停地换挡，不停地摇摆着两根驾驶杆，脚板在离合器与油门上打转，好像一个狂人在跳舞。这种动作要求过人的智力与勇气，这是决死的兵种在机械上的惊人表演！但是，驾驶手已经满头是汗了！

半点钟后，攻击完毕，我们照着营长的指示，由楔形变成纵队凯旋。我们仍旧是全师而还。只是预备队没有遇到战斗的机会，看着炮弹箱与子弹带完好如故，不免有些怅惘。

今天的任务已经达成。跳下战车，遇到了赵副指挥官，他正要到军指挥所报告战斗经过。我们坐在他的指挥车上，一路我们谈着敌人的平射炮，恐怕是慌忙进入阵地，连工事都没有做好，所以射击得这样漫无标的。我们谈着五号车子假装被炮弹击中的机智。

到午后一时，我知道我们十一号车子拖出来了，我知道我们的步兵已经占领了小河的北岸，一部已经渡河了。

五月二日寄自缅北
五月十七日《大公报》

苦雨南高江

这几天缅北常下阵雨，我们担忧了半年的雨季，终于又开始了。我们指挥所后面的一道小溪，昨天还可以看得到河床，今天早上已经变了一道六十码宽的浊流。河水夹着泥沙和上游冲下来的树木，以每分钟一百码的速率奔灌而去。从枝叶丛里仰望上空，还是阴霾起伏，这时候真令人挂念在南高江作战的国军诸将士……

在这卑湿的山谷里作战，最使指挥官感到局促的，就是正面太狭小，无法展开。从孟拱河谷最北的沙杜渣到铁道线上的孟拱，全长约六十五英里，但是谷底的平均宽度不过七英里，殊不适于大军之运动。我们走进山谷，看到左右都是一脉二千英尺以上的高山，中间唯一的一线平地又被南高江东西劈为两半。南高江嘉亲语又称孟拱河，在晴季水深不过膝，不仅可以徒涉，还可以在河床上行驶野行性的车辆，如指挥车或战车，本不足成为地障。但是河流曲折太多，小部队渡河运动容易遭遇伏击。在拉班至瓦拉渣间，敌军曾以小部队东西流窜，后来几次遇到我军的侧射，就不敢再轻于尝试。至于兵力较大的部队在河上横跨着来去，因为联络补给以及对山洪的顾虑，也未被采用。目前攻守两方都采用正规战法，就是河两岸的部队各自为战，于是每一纵队只有两英里到三英里的正面。正面狭小，渗透困难，也不能施行大规模的迂回和包围。——这是敌军能在河谷里遂行持久抵抗、迟滞我军行进的一大主因。

自瓦康以南，森林原没有杰布山一带稠密，这一带有许多林空和丛草地；但是稍微开阔一点的地方都被敌人的炮火封锁，我们不得不逐段驱逐树林内的敌人，然后在林内绕道前进。敌军自瓦鲁班惨败之后，知道补给线若完全依赖公路，一被我军迂回截断，就会全军覆没。于是也在森林里开辟与公路平行的汽车路。自孟关至孟拱的牛车道，于一年以前为敌人加强为公路，路幅宽约四码，在南高江西岸沿江并行，是这次作战敌我所共赖的主要纵线。但是除此之外，从沙杜渣至瓦康以及茵康加唐，沿途发现敌军新辟的临时道路，多得不可胜计，这样又增强了防御的坚韧性。

国军在山谷里遇到另一不利，是南高江各支流与攻击方向正交，例如从瓦拉渣到茵康加唐不过四英里，竟有五条横阻去路的小河，这些小河在晴季多为干沟，但是被敌军利用之后，对于我们攻击部队是一重障碍，尤其限制我战车部队之活动，入雨季后将更困难了。

敌人在这一带的防御是很独特而顽强的，有时候沿着干沟构成数带阵地，有时候选择特殊地形筑成坚强据点。因为南高江曾屡次改道，至今加迈附近满是改道以前的遗迹，特别富于长条形和马蹄形的沼泽。敌人就惯于利用马蹄形的池沼作为环形据点，这样的据点有三百六十度的射向，在丛草里俨如碉堡，很能够争取时间。就算没有野战工事的地方，敌人也还是以散兵逐段抵抗，且战且退，但是每退至多不到一百码。森林和丛草里视界有限，以自动火器封锁道路确切有效，我们要驱逐敌人，必须派出搜索，展开一部分兵力，沿道路两侧，击破敌兵的抵抗，前进数十码，又派出搜索，又再展开兵力……各级部队长如果希望进展比较迅速，或想战果有些决定性，则必须以一部迂回至敌后。无论团营连排各单位，多少总要竭尽手段施展一点全面的或局部的侧翼运动，也就是要伐路到敌后去，但是这种战斗方式仍旧很耗费时间，因为既要披荆斩棘，又要秘密企图，并不是一件很容易的事。

在这样一片地区，整齐的战线已不复存在，攻守双方都在树林内构成无数的大小袋形，两方的炮兵都很活跃；轻兵器不在十码之内决不轻易射击。四月下旬的一个黄昏，我曾在南高江右岸某第一线连逗留几小时，当我和连长正在一处散兵坑里谈着的时候，机警的连长突然指着河东的芦草地叫我看，那边正有两个敌兵在匍匐前进！我问他们为什么不用机关枪射击？连长用安闲的口吻说："这种目标，又在一百码以外，通常我们都只有轻迫击炮干掉——"所以这一带战法的独特，与战斗的坚硬吃力，不是一语可以道尽的。

河谷两侧壁的山地，并没有被我们放松，经常都有强力的部队忍受人类忍耐的最大限度，在悬崖绝壁上运动，企求使正面攻击容易。他们所选择的路线，决无道路可循。地图上所标示的村落，事实上都不复存在。他们必须携带全部行李轻重，他们必须自己在丛林内开天辟地，爬上两千英尺的一座山，下山，又再爬一座三千英尺的高山。他们随时可以在山顶、山麓或山腹遇到敌人。就我所见到的丁克老缅而论：四月秒，我军争夺这村庄的一带高地，我们攀登那七十度以上的陡坡时，简直是四肢交互找着树根枝叶连拖带爬，刚到山顶，满以为下坡可以少吃一点力，岂知下坡还更困难，坡度更陡，全身的装具使重心太高，脚底下的丛草滑得可怕。我想着伙夫登山送饭，我想着两天在这里行军的时候就觉得战栗。这时候山腹内还常常发现小股敌军东西流窜，及至到达阵地，丛草拂面，只听得左近枪声零落，看不到一个敌兵。这里还是河谷的边缘，标高不过一千二百多英尺，士兵视为"平地"的地方，其困难已经如此。担任迂回的部队动辄走上两三星期，重兵器各单位的骡马倒毙殆尽，补给虽以空中投掷为主，但是只能投掷到后面，作战部队本身还是要担任一部分人力输送。常常，投掷不到就有粮弹不济的危险。一次迂回成功，大家虽感壮快；但是回顾丛山，真是一步一泪！

我们感觉得痛快的地方是对空中没有顾虑：我们有绝对的制空权。白天，我们可以假定每一架飞机都是盟军的，空运解决了我们补给的最大困难，但是，我们并不是每天都有飞机支援地上部队的战斗。

敌军第十八师团与我军对阵瞬已半年，死伤的惨重，士气的低落，已经是确切不移的事实，证明于敌文件上的是大批军官因为作战不力被撤、遣、降。但是敌军曾陆续得到五次补充，并且有很多是第十二师团拨补的老兵。最近，第五十六师团的一部又陆续发现于本战场，如果将孟拱河谷的敌军加以轻视，则殊属过于乐观。

现在南高江西岸，我军正沿公路进攻马拉关，一部已至马拉关以南的敌后，这些地方距加迈还有十八英里。至此之后，公路从几座高地内曲折，我军还要通过索卡道以南的隘路。南高江东岸，地势较低，随处都是湖沼和湿地。据说每年六月至九月，通常都为洪水淹没。但是更东的高地，十英里内外，敌我军正在沿山沿谷混战。战线极为紊乱，我们不仅由北向南攻，有些山头我们还由东面、西面甚至由南向北攻击。这一片高地之能被我军掌握，则不仅加迈之命运决定，并且对于我军尔后进出铁道线，也有决定性的影响。现在我军距加迈最近之处为芒平以南，在加迈东北约七英里。其他机动部队之行止，则不便于本文内叙述。

国军在缅北奋战七月，其英勇壮烈，技术上与士气上令人可喜之处，已经人尽皆知。但是他们的种种艰难困苦，恐怕还没有为国人所深悉，当此大雨滂沱之际，不禁引起我们无限的系念。

五月十日

五月二十日《大公报》

密芝那像个罐头

一

5月16日消息：六十六团与美军混成的左侧支队到达密芝那近郊。

"怎样这样快？"消息传来的时候，大家都还有点将信将疑的样子。这时候六十六团与司令部不能通报，我们看军长的态度，也没有一点喜形于色。但是纵令如何机密，透漏出来的消息已经瞒不住了。一天天地，车站已经占领了，我们的飞机已经在密芝那着陆了，喜讯相继而至。17日早上，同帐篷的潘参谋在悄悄地清理行李，他已经担负了秘密的任务。什么任务？我们格于命令，又不便去问他，但是大家心里明白：他是随空运增援部队到敌后去的。他和我们匆匆地握了手，"再见！"留下几封转寄国内亲友的信，就无声无息地走了。

连续几天，各方的报告还是错综而矛盾。21日消息，六十五团降落已经成功，攻城战正在进行中；十四师第四十二团已接到命令，正在某某空军基地集结，待命起飞；并且我们从私人口中得到的消息，这一次军长还要在司令部派一个军官随同出发。我和第一课的陈参谋过去曾在该团服务过一年，自信很适合担任这种工作，因此我们两个便毛遂自荐地去见军长。

军长并不否认，也没有责备我们毫无根据地就直接报告，他正在清理着一堆战地写真，他一面看着那一堆照片，一面微笑着说：

"要去也只能一个人去，你们哪一个去呢？"

我望望陈，陈也望望我，我们都要去。

我们出去找李课长，请他主持公道。"这还不简单吗？"他取去了两张纸条，一张写上"去"，一张写上"不去"，叫我们拈阄。我的手抖着，打开拈来的纸团，里面正是"去"！我高兴得跳起来！

当日我草草地将行李塞在一个橡皮袋里，另外预备了一个干粮袋和一支步枪，由六十六团的梁参谋长给我一纸手令，就出发了。我高兴得心脏都要从肋骨里跳出来，催着驾驶兵将车速开到四十码，直驶某某飞机场。

这样，我就有密芝那之行。

二

5月23日午前十一时，一架C47将我们带到密芝那上空。

当机身左倾那引擎转速减低的时候，我们并不十分开心。因为平常人家说得如花似锦的伊洛瓦底江，在机窗里看出去仅仅是一道较宽的浊流，两岸的树木几乎淹进水里。而飞机场也仅仅是小树林里面的一片砂土地，我们看不到密芝那的街市。

飞机叹了一口气，就在这砂土地上降落了，因为当天早上下过大雨，轮胎与地面接触的时候还弄得水花四溅。

我扛起了我的橡皮行囊。我的步枪因为与部队用的子弹口径不合，在某某飞机场起飞前就叫人送回去了，这是我的不幸，以后因为缺乏自卫武器，使我不知道多受了多少罪。但是当日下飞机的时候，一身的负担较轻，自以为是很得意的。

我们一行纵队横跨飞机场而过，经过跑道的时候，一架联络机正要着陆，弄得后面的人四散逃避。这块黄色的砂地，事实上倒是很具规模的。停机场上还有两三架运输机，周围这里一堆炮弹，那边一堆给养。很多人在跑来跑去，还有些人在伫立着、徘徊着、凝望着。总而言之，情形和我们后方根据地的飞机场差不多，只是秩序比较乱一点。

我们到了飞机场附近的小丘陵上，太阳渐渐升高，令人觉得发热。我们把行李扔在地上，开始设计我们的住处。我们在地上拾起来一个绿色的降落伞，虽然是湿的，但是今夜能在这薄薄的绸布下过一夜还不坏。伞顶已经找了一根树枝撑起来了，伞角的绳子也挂在旁边的树枝上了。我们挥着汗，工作三分钟又休息五分钟。几个士兵在伞的周围挖一条排水沟，其实排水沟又有什么用！昨天睡在里面的士兵正在树枝上晾他们的军毯，每件装具好像都曾丢在河底下浸了一点钟又捞起来的一样！今晚如果下雨，我们会有一个可怕的晚上。

丘陵下面就是飞机场，东北和西北面都是一脉高山。我们的混合支队就是从那西北的山地里渗透过来的。因为我们有很多好的向导，这些向导带着部队绕过敌人的每一个步哨。我们的骡马，我们的山炮，都沿山沿谷而来，敌人的神经中枢却始终麻痹着。一直到了谷地，我们的部队还大休息了两天，士兵们竟脱掉衣服在河里洗澡，让敌人的小火车鬼叫似的"卧！卧卧！"地来了又去。

密芝那附近的灌木林又正好给部队们捉迷藏。据说我们的搜兵走到飞机场的时候，向后面报告：前面发现一块很大的"林空"。排长说："让我上来看看吧！"后来他们对飞机场发射了五发炮弹，大家冲上去，只有三四十个敌人，马上都给歼灭了。我们就是这样占领了飞机场。

这时候太阳照得眼睛发晕，丘陵的圆叶树上一颗颗未干的雨水还向下滴。正东面，隔我们两英里的地方就是密芝那，我们又能看到一两座白色铅皮屋顶，十三架美国飞机正对那边俯冲轰炸。

飞机三架四架一群，飞成一字队形，在目标上面盘旋盘旋……，突然第一架机头向下，机腹挺起来，排气管发出一道黑烟，在空中产生一种"屋务——呼"的声音，两颗黑色的小点掉下来了；机头再向上钻的时候，地面开了一朵黄黑色的烟花，烟花笼罩过那白色铅皮房子以后，我们才听得到"过了时"的声音：

"轰……轰轰……"

第二架飞机第三架飞机如法炮制，连挖排水沟的士兵都停止了工作，张着口看得呆了。

轰炸之后，飞机群再来一次扫射，他们依旧一架一架地盘旋，按次序俯冲下去：

"碰碰碰碰碰……"那几挺超重机关枪打得特别响亮。

现在陆空攻击的目标正在城缘边际——密芝那没有城垣，也没有稠密的街市：但是它有很多修直宽阔的马路，纵横直交，它有很多白铅皮的洋房，在圆头树底下疏散地排列着，它是一座现代化的村落。火车站正在心脏地带，一切我们可以在航空照像上看得清清楚楚。而那座火车站，在我们没有来之前，我们六十六团进去过两次。

住处稍微弄妥帖之后，我到处去找红布。密芝那近郊的部队，无论中国兵、美国兵，还是少数的印度兵，都在左肩上挂着一块红布，像开什么庆祝会一样，没有这种标识就有被人当做敌兵开枪误杀的危险。我依着两个士兵的指示，在一处降落伞下找到我所要的那么一块，以后我也被认为是攻城部队的一员了。

三

整整一天，除了清晨我在周营长处喝过一杯牛乳之外，没有再吃过一点东西。现在已经到午后四时，没有一个人提起吃饭。但是我太饿了，我像一只饿瘦了的狗，忍不住到飞机场上去徘徊，以便相机猎取食品。

迎头来了凡公师长和他的三位幕僚，项参谋、李参谋和宋秘书。除了李参谋之外，都是我们上次在南高江观战的伙伴，现在他们每个人都挂了美国式的冲锋刀，而且项参谋手下正挟着两包美国干粮。我正要找他布施，他已经猜透了我的来意，当时就塞给了我一包。

我赧然地接着，并问他们要向什么地方去。

"你们到哪里去？"

"到六十五团去指挥，你要去吧？"

"师长，我很想和你们去——"

"好，车上还坐得了，快去拿你的行李来。"

四十二团日下还没有战斗，我想先到六十五团去并不坏。而且，那边发无线电报比较方便。我去报告四十二团团长，团长很同意。我跑进刚才撑开的降落伞下取了那个橡皮包冲出来时，正好，他们的车子正要开了。

车子驶过我们刚来的跑道，转一个弯，再转一个弯，穿进灌木林，只有那么短短的一点行程，又在另一处丘陵的边缘上停下来。右边有一架打坏了的日本轰炸机，机窗已经碰掉了，现在已经成了几个士兵的"行营"。我看着士兵们拿着一个脸盆弯腰跑进机腹里面去。

六十五团指挥所设在丘陵的脊上，排水比较良好，我们去的时候，团长正在打电话。这位王团长从十七日担任指挥作战以来，已经一个星期。他的脸色黄得可怕，经常很少吃东西，只是喝咖啡，将不加糖的咖啡一口一口地吞下去。没事的时候就躺在床上，但是没有看见他闭过眼睛。这样操劳怎样能够持久呢？任何人看到他一定为他担忧。但是，以后当他亲自督战的时候，他的眼睛里突然放出奇光，提着嗓子指挥三军，我才知道他的坚韧性有这样伟大，我想他就是一个月不休息也能够支持得住的。

指挥所替我们支开了一块油布，并且把我们的橡皮布张开替我们做了几个吊床。一排横卧着凡公师长的卫士、我和李参谋，项参谋竖卧在我们的枕头的一边。

项参谋轻轻地说："我们现在还没有二十二师他们好。"

我们怎样能和二十二师比呢，我们只有两千多码纵深，这两千多码是我们的第一线和预备队位置，司令部和后方机关，我们的补给线还在辽远的天上！我们大家都是这样匆忙而来，以致我们的东西都带得这么少；但是运动的时候，我们又觉得带的东西太多了。

我们后面还有几门山炮，他们不时胀饱肚子一吼，使大家大吃一惊！

飞机去后，地面上的战斗趋于紧张，机关枪像一座风扇在狂转，听声音好像在我们面前只一千码的样子。

四

晚上9点，我和项参谋刚从无线电台回来。我们从来没有在这样星月无光的晚上，在生疏的高低不平的地上走过这么远。回来，大家都有些疲倦。李参谋和师长的卫士已经都躺在床上，我们也预备休息。

我们计划怎样睡觉，决定两人合作，只打开我的橡皮行囊，由我分一床毛毯给他，此外，大家都不脱衣服。这时候外面下起倾盆大雨来，油布旁边的雨水一线一线地飘了进来，顶上也在一滴一点地渗漏着，床上已经成了一条水槽，我们很踌躇，毯子虽然拿出来了，但我们仍旧坐着没有动。

我永远不会忘记这个时候：5月23日午后9时10分，四野漆黑，雨还是倾盆而下，听着枝叶树干支撑不住了，在我们右前方一百码的地方，突然一声"卡蓬！"大家都震惊了，这是敌人的三八式步枪，

　　　　　　　　　　　　　　　　　　黄仁宇全集·缅北之战

但是怎么这样近呢？接着，右方又是两声："卡蓬！卡蓬！"子弹的射向直对我们，我们听到它们在我们头上"嗖"地飞过去。

我们还希望卫士能够挡住他们，但是我们的左后方也来了这么一下："卡蓬！"这后面的枪声给我们的威胁特别大，现在事态很显然：敌人已经乘雨夜渗透过第一线摸了上来，并且以火力把我们包围了。

"卡蓬！"——"咻！"一颗子弹把我油布外面的小树打穿，我们都卧倒在地上污泥里。

枪声加急，落弹渐低，"卡蓬，卡蓬"的声音不绝于耳，曳光弹从各方面飞来，并且那燃烧着的镁光到我们头顶上就没有了，好像落弹就"噗哧"一声掉在我们的腿边。我们的卫士在抵抗，我们的机关枪"拍拍拍拍拍……"敌人的机关枪"颇颇颇颇颇……"敌人一点也不示弱，并且愈来愈近。

"卡蓬——""咻！"左后方又来了一颗流弹。

前、左、后三面的枪声愈逼愈紧，树林里的落弹正在增加，空中的弹道像一座万花筒。敌人已经发现了我们的位置，并且在施行三面包围，只有南面靠通信队的枪声比较稀一点，我们得赶快向那方面运动。我捡了一床毛毯，右边李参谋还在。我这时候手无寸铁，李参谋手上还有一挺冲锋枪，我自信我使用冲锋枪的把握比他还好一点，我要他把枪给我，他就给我了，我们两个人卧倒组成了一字长蛇阵，开始离开我们那块油布，向南面运动。

我们爬行了二十分钟，还只走了三十码，偏偏我们走的路线正在联络官的帐篷后面，满地尽是空罐头，碰着那些罐头，突然作响，不由得令人更心慌。我总埋怨李参谋踩了我的毯子，其实我的毯子因为卷在小树枝上才拖不动的。这时候枪弹太密，我恐怕手部足部受伤，尽量使身体和地面平贴，因此手腕足膝都被刮伤擦伤，我的头部正淋着雨水。

"噗哧！"现在南面又有枪弹飞来，我的脚部更感觉得酸软，不知如何地，我已经掉进了一个散兵坑里去了。

散兵坑里已经有了一个人，我们彼此都吓了一跳，但是马上我就知道他是六十五团的翻译官，翻译官在发抖。

"卡蓬——卡蓬！"

"颇颇颇颇颇……"

枪声四面合围，曳光弹道织着一方严密的网，我知道不能再前进了。我叫李参谋在附近找一个地形卧倒下来，但是这时候他不知道因何一定坚持着要前进，他从我手里取了冲锋枪，依旧向南爬行，他这一去，没有几分钟就负了伤。

我和一个翻译官在一起，我们手无寸铁，我着急，我着急得要死，敌人冲上来我连自尽的机会都没有！我只好和翻译官约定，无论如何，就算敌人冲上来了，我们也不要动，我们只得待机会，如果情况变得好一点，我们得向飞机场那面爬。

"轰！"一个迫击炮弹在后面斜面上爆炸，我们的耳朵震得嗡嗡作响，泥土一块块地狠命打在我们身上，幸而没有破片飞进工事，我们检视身体，都还没有受伤。

"轰！"又一个炮弹在左近爆炸。

五十分钟之后，混战才结束，我们听到单独的"卡蓬"，被我们驱逐得远去了，我听到凡公师长和王公略团长都已经回到指挥所，我们心里多么痛快，我们像服了一帖清凉剂。

但是指挥所里，李连长阵亡，团长的传令兵亦阵亡，还伤了很多人。我们油布下面，四个床空了一个，李参谋的右手给迫击炮破弹片击中了，伤了骨头，现在已被送到裹伤所去。

我有些遗憾，我想：假使我当初慷慨一点，把工事位置让给李，我自己还可以另找到一个。那时候他有了掩蔽，或者不会固执着单独前进，就不会受伤了。

但是我把这些情绪一压抑，"现在不是遗憾的时候！"

五

第二天早上，我们送李参谋到野战医院去。

野战医院在一个掩蔽体内，也就是几块油布撑着的一间棚子，但是他们有相当的医药设备，他们有手术台。

大雨仍旧是劈头劈脑地淋来，我们想缩进到油布棚子里面去，但是地上都是睡在担架上的伤兵，我们无处插足。刚刚把身体藏在屋檐下，几分钟内大雨已经把我半边衣服淋得紧贴在肉上。

缅北密芝那一带就是这样的气候：每晚下雨，一直到第二天正午；正午之后会突然云消雨散，太阳露出脸来，晒得你肌肉发痛。

而这时候正是云浓雨密，负伤将士衣襟湿透，肩上腿上的湿处映着鲜红血迹。担架源源不断而来，有些担架没有地方摆，就放在油布棚外的烂泥上。这些烂泥上还有一根根小草，但是多数的地方已经成为一片片水潭。这里丢一个水壶，只有壶颈还在外面；那边水里有一床美国军毯和美国夹克，被泥水黏成一团。雨仍旧在油布上哗哗唱歌，外面有一队美国兵逗留在那里，他们绿色宽大的制服已经贴在皮肤上，而且变成黑色了。但是他们依旧英雄气概地站在那里，一动也不动。有些伤兵在呼叫，有些伤兵虽不呼叫，而他们失血的脸却是那么憔悴！战争是残酷的，但这是一幅多么生动的画面！我在想：假使战后让我做一个电影导演，我会知道如何布置这种场面，用不着一点夸张。

手术台上有一个伤兵在开刀，几位缅甸小姐在忙来忙去，她们有些穿着美国制服，脚上拖着长统马靴；有些还是头上挽髻，下面系着绸制裙子。有两位小姐长得特别美丽，看她们真可爱。

同来的王翻译官说："这几位缅甸小姐真不坏——"

"她们总是在最危险的方向工作——"

医院里面决定送李参谋回后方休养，他自己也很愿意去，因为他暂时已不能写字，不能放枪，不能卧倒和匍匐前进，留在这里徒然增加顾虑，到后方去，可以好好医治，伤愈再回到前方来工作。我们和他握别的时候，一串水正流进我敞开的衣领，弄得我背上冷入筋骨。

现在只剩着我和王翻译官回去，我们趁着有车子，再去找找潘参谋。王翻译官驶车很高明，但是开得太快，通过一潭积水的时候，弄得水花飞溅进我的眼睛，幸亏我们这几天过惯了"两栖类"的生活，倒也无所谓了。

车子经过跑道，附近的炮兵阵地又在鸣炮，前面机关枪也在工作了。在这样大雨如注的时候，前方将士还在一片废墟上作两三码泥泞地的争夺战。这真是战争！

我们找到了潘参谋，他正无聊地坐在一块油布下面，赤着脚，地上铺了两床毯子；所谓毯子，已经和地上的泥浆混成一片了。

他的眼睛发红，脸色干枯，他的胡须像刺猬一样。我想到再过几天我也要变成他那样子，我不由得打战。"进来吗！"他在叫我进去。但是他的棚子这样潮湿，这样凌乱，我想还不如在外面淋着雨爽快些。但是我没有这样做，弯着腰进去坐在泥没了的毯子上。

他问我带照相机来没有，我默默地摇了摇头。

"哎呀！真可惜，17号那天我们飞机着陆的时候真惨，地上的高射机关枪对着我们直打，飞机还没有着地就在上面打死了两个。我们还没有站住脚，敌人就冲锋到飞机场上来了。你看，这时候拍成照片那多好玩。"

我看他这样兴奋，我知道他还储存着无限的精力，他又说了："我常常到前面去，他们说：从来没有参谋人员会跑到这样前面去的，我听了好不高兴。有一次还跑到敌人那方面去了，幸亏侯超文救了我，侯超文作起战来真勇敢。"

"有一次我被敌人打了五枪，一枪都没有打中，只把我身上挂的图囊打了一个洞。还有一次我上去虏了敌人两匹军马，我拿一根绳子牵着拖回来。"

我问他："马呢？"

"交给指挥部的美国人去看去了，我要求他们将来密芝那打通了他们要还一匹给我。……喂，老黄，我可以回去吗？我现在衣服都没得换，他们要我来和空军炮兵联络，老不让我走……"

我没有方法答复他的问题，而外面的王在催着走，我只好走了，

午后又是照例的天晴，空军又来轰炸，我们又站在高处观战。自从我们肃清飞机场正面的敌人之后，我们就和敌人胶着了。敌人抱着必死的决心，我们也有必死的决心。（因为我们只能前进！）因此双方的伤亡非常大。

我们知道晚上睡觉是万万做不到的，我趁着天色还早就把电报发出去。希望在日没之前躺一会，但是睡不着，因为不习惯，并且我喝了美国干粮里的咖啡。

六

一到晚上，敌人又来夜袭。

一切似乎如有公式。起先是正前方"卡蓬卡蓬"地愈响愈近，然后后面或者侧方的"卡蓬"回应着。曳光弹从指挥所的上面飞过去，还有几颗子弹打穿附近的树枝。枪声加密，曳光弹飞来愈多，然后机关枪排山倒海地怒吼起来。

24日那夜，敌人夜袭我们四次。

起先，我和项参谋约定：如果附近发现枪声，先要凡公师长的卫士到师长床边去侍卫，我们大家警醒着看以后的情况再处置。我刚刚阖眼，项参谋忽然在我枕边推了三下，这时候外面雨声哗啦哗

啦地落个不停，毛毯上面完全透湿，下身一截绑腿皮靴也未干。我眼睛一下睁得透开，就问：

"来了吗？"

"还没有，不过下大雨，你得注意些！"

瞳孔之外，无一不是黑暗，一时我恐怖之念突起，仿佛一切都没有主宰。于是我翻了一个身，再也睡不着了。

十分钟以后，敌人果然上来了。这次敌人向我们右前方猛袭，"卡蓬，卡蓬！颇颇颇……"卫士弯着腰跑了。突然后面好像只有二三十码的样子，也有一个敌兵向我们放了一枪。我赶紧叫项参谋，但是这时候他不知道如何倒睡得那样安稳，推了好几下才醒，醒来还是慢吞吞地没有动作。我拿了冲锋枪（我已经接受了李参谋移交的冲锋枪和冲锋刀，并且在床头上准备了个很容易拉火的手榴弹），一面跑进油布棚外的散兵坑，一面叫他快出来，却还是没有看到他出来。"噗哧！"一颗流弹掉在我们布棚子里！这时候他才突然出来，两只皮靴一下飞进散兵坑内。

这时候各人的散兵坑里面，都积水三四十公分不等，有些卧射散兵坑就像洗澡盆子一样，这种洗澡盆子多少给你一点安全保障。这时候大家都希望活着，所以跳进洗澡盆子，都是毫无犹疑地。

第二次敌人来袭时，宋秘书正负责向美国联络官去协商美军炮兵的火力。他刚走过我们油布棚，忽然有两颗枪弹在他极近的地方飞过去。他当然跑进我们的棚子里。但是他那高大的身材正碰着棚顶油布的凹处，一些积水哗哗地泻下来，他这时候已经卧倒在我们床头地面上，那些积水正淋在他的头上，他不由大怒喊道：

"喂！你们谁在小便！"

天啊，你几乎拆掉了我们赖以安生的棚子了，还怪我们小便！

第三次夜袭在午夜二时，附近落弹很多，并且有几颗炮弹打了进来，我和项参谋为安全计，决定到师长的掩蔽部里去暂避。因为

　　　　　　　　　　　　　　　　　黄仁宇全集·缅北之战

他对于附近地形比较熟悉，由他在前面领路，我在后面跟着，我们的姿势都很低，就是用手掌足膝爬着。经过一片芦草地的时候，他忽然蹲在那边不动了，过了两分钟，他还没有动，我不由得奇怪起来。

"老项，走呀！蹲在那边干什么？"

他回过头来，我才猛省这不是项，项刚从他身边走过去，我的视线一中断，就看错了人。他是一个卫士，项已经走得很远了。

我轻声呼唤着项，但是没有踪影。爬着，爬着，附近的景物都不对了，突然瞥见右前方的杨树，白天我曾来过这里一次，我知道我完全走错了，赶紧站起来跑了几步，这时候视界稍为明朗，但是也只能模模糊糊看到三五码外左面停了三部指挥车！我岂不是走出步哨线了吗？附近一个人都没有，我不由汗流浃背……右前方枪声还像煮粥一样。

我也不知道如何又走回去了，我觉得我爬在一堆泥泞的松土上，我知道这是工事的积土，果然我爬在一个黑影的前面，黑影也爬来了，黑影是○○连的一个士兵，黑影带着一支步枪，枪口指向着我。

我故作镇静："你是○○连弟兄吧？○○○○一，你快带我到师长的掩蔽部去！"

这位弟兄眼睛发光，他的食指按在步枪的扳机上，又向前爬了两步，我们面对面了，他的枪就挺在我们的胸前，他怀疑："你到底是谁？"

"○○○○，我是黄××！"

他的瞳孔还是露着怀疑的光，我知道他食指的第一节正在扳机上，我的危险还没有过去。

"我是黄××，不是敌人，你不要那样怕我！快带我到师长的掩蔽部去！"

"哦！"他突然把枪收回去了，就带我到掩蔽部，只转了几转，原来就在这里！

掩蔽部里水气和汗气塞满了，凡公师长正在一角抽着香烟。我听着他说："我们得先决定攻击方法，然后按部就班地干……我们得吃鱼肝油，等下把我带来的鱼肝油送一瓶给阿王……"

这几次攻击，敌人一点也没有占到便宜，因为我们很巧妙地控制了各方火力。第二天早上我们检获了很多敌尸，并且捕获了俘虏。

七

第三天，我们真正的攻击开始了。我们随着凡公师长到一个飞机掩体里去督战。

我们的炮兵群在施行效力射，天候很凑巧，差不多提早了两个钟头就云消雨霁，而且大放晴光了。但是旁的地方可不一样，某某空军基地就不能起落飞机，没有空军出动助战。

太阳向我们直射，降落伞棚子、油布棚子还在掉水，地上的浅草还含着晶莹的水珠。"通，通，通，通！"我们的炮弹直飞而去，隔了一段时间，又"顿，顿，顿，顿！"如数地掉到敌人的阵地里，王公略团长正和第一线通话："喂，喂！炮弹落得怎么样呀？……还太近了，喂，我通知他们延伸射程！"然后放下耳机，大声叫着：

"翻译官，快通知炮兵指挥官，第一线前进了，炮弹妨碍他们，要他们延伸射程！"

翻译官带着消息回来："现在炮兵集中火力于第五第七两号目标，他们先射击两发烟幕弹，请你看看弹着如何？"

飞机掩体的积土像一座城楼，泥泞得很，不容易爬上去。我记着那两天凡公师长总是在叫："黄××，拿我的望远镜到城楼上去，看到有什么情况就回来报告，等一下项参谋宋秘书你们三个人轮流换班！"

这时候"城楼上"视界非常宽阔，前面一片丛草地，再前面有一间白铅皮洋房，洋房后面有一排树林。总共隔我们不到两千码的样子，机关枪的声音清晰得如筛碎米。

我们隐约判断得那里是我们的第一线，现在烟幕弹在白洋房的后面放气，部队长放下望远镜，点着头，"这打得还差不多，这还差不多……"

有时候凡公师长也到"城楼上"眺望，他的姿势站得很高，他口里说："这里隔敌人有两千码，机关枪打我不到。"后来电话报告："那树林里还有绑在树上的狙击射手，昨天飞机炸也没有炸得下来，炮打又没有打下来。"他就说："恐怕是假的吗，敌人和你们开心的吗。"

附近的美国兵知道有一位中国将军，大家都跑来玩，他们总是夹七夹八地问："到中国还有好远？到八莫呢？我们走八莫呢还是到腊戍？"后来"城楼上"的人越聚越多，敌人的观测所看得眼红。

"哧——空统！"

一发山炮弹，在掩体的左边爆炸，黑色的爆烟腾空而上，大家都卧倒了。第二发，第三发，三发之后又沉寂了。

师长和宋秘书指挥着美国兵下去，并问他们"你们的官长呢？"

美国兵就都四散地走了。

凡公师长看着过意不去，又说："你们一两个人来看看还可以，不要大家跑上来成一堆一堆，又指手画脚的，敌人的观测所就在那边高地上，还不看得清清楚楚。"

左第一线前进了一百多码，他们要脱离公路了。凡公师长要我去通知四十二团，要他们特别注意公路的警戒，左右侧派出斥堠，我们只管攻击前进。如果敌人钻隙的时候，我们要求他们的自动火器以一部指向这几点。师长并给了我一份航空地图，要我按着地图走。

我照着航空地图走到马路上，对了，航空图上的这个弯，就是这个弯；这地方正有一座桥。不出十分钟就找到了四十二团。我向王团长那边报告完毕，但是我余兴未足。这里有欧阳，有吴和范，他们都是我们在哀牢山一块带兵的兄弟，我们已有三年不见了。我告诉他们现在的情况。他们对我的航空图与冲锋刀都很羡慕。"但是，对不起，我自己一样都没有，这都是借来装神气的。"

我看到士兵们，这些故人们照着我传达来的意思做着工事，我知道任务达成了，我很高兴。"我回头来看您们，现在我没有功夫。我要到师长那里去报告，哪天您们攻击前进，我一定和您们一同去玩。"就和他们分别了。

回来以后，指挥所的人正在喝粥，这几天我们的起居饮食乱七八糟，喉咙是干的，嘴唇是枯的，什么东西都难以下咽，这碗粥掺着酸菜吃，倒也马马虎虎。但凡公师长刚端着碗，忽然想起一件心事，他叫电话兵：

"替我接杨先生！"

电话兵摇了半天，放下耳机："报告师长：敌人现在包围他们的×翼，×部附近打得一塌糊涂，'杨先生'到前面去了，耳机里听得到机关枪的响声，倒很清楚——"

师长的碗放了下来："好，那么无线电话试试看——"

无线电话耳机里呼呼地响，也接不上。但是传过来的枪声如放爆竹。

师长一会指挥我拟一个电稿，一会叫项参谋把航空图上的透明图快画好，一会儿说："你们替我听电话，派一个人到城楼上去眺望，我来休息五分钟。"就跑到降落伞下的铅皮板上躺着了。

我看着项参谋用蜡笔在透明纸上画着队标队号，我们的各队前进了五十码，一百码，都还黏在城的缘边上。只有一队的一翼向前突出，但是敌人还是向那面反攻，彼此的伤亡都很大。

一点钟之后，"杨先生"的电话通了，师长一跳起来，他好不快活。刚才敌人钻隙进来二十个人，由一个大尉领着，现在完全给我们"杨先生"打死了。"杨先生"说：他缴了一挺轻机关枪、十七支步枪、很多枪榴弹。敌人没有一个回去，敌人的尸体也没有一具被拖回去。

傍晚，他们把这些枪都送来，还缴来一边三个星大尉领章。后面跟着美国士兵，他们要求我给他们一枝三八式步枪玩。我向他们说，掳获的武器都要缴上去登记的。其实，我挺怕他们这些冒失鬼拿着三八式射击，在这种环境之下，很能引起误会与不幸。他们拿了两个日本枪榴弹走了。

雨又开始下起来了，这时候史迪威总指挥到了，凡公师长到他的油布棚底下去会商去了。六十五团长率领了一连兵亲自去督战，只剩着宋、项和我三个人在守电话机。

八

师长回来以后，六十五团长相继回来，雨慢慢下得大了，师长向附近部队要了一间油布棚子，一时我们棚子里面紧张起来。

师长打电话叫"杨先生"来开会，但是"杨先生"指挥所到我们这里一路有敌人的好几组战斗斥堠，今夜不能够来，因此这次会议的出席人就寥寥无几了。

我们不能点灯，只能把手电筒遮上有色布照在航空图上商议。前面的机关枪一连串打过去，又一连串打回来，而我们在工作着。

美国联络官在图上压了一道指痕，这是美国部队的状态，项参谋把那份态势图也拿上去了。凡公师长很兴奋地说："第一，我要求明天日没之前我们部队统统要超过这一线。第二，我们得改变××，我们不××××了，我们要××××。黄××，你写得快一点，你把我的意思拟成作战命令，我马上画行，无线电班准备用密码发给'杨先生'。"

"明天×点钟开始攻击，纵火，陆空联络的细节，你们想好写好给我看……"

"明天的补给由项参谋告诉余××，并且和××上校商量，携带粮秣，万不可缺……"

项参谋冒雨跑出去，并且又匆忙地跑回来："报告师长：余××已经领到干粮××包，今晚×时可以将第一线部队分配完毕，弹药都够了，各部队×时之前可以完成一切准备。"

"那很好。"

我将项参谋的右手一把抓住，在帐篷一角我们斟酌命令全文的结构，决定了细部事项，有时候他念着，我就写了下来，我们把作战命令写好，交给凡公师长。

右第一线没有问题，左第一线可不得了。笔记命令送不上去，口头命令无法传达，有线无线电话恐怕敌人窃听，只能将命令译成密码口头传授出去。通信兵的动作太慢，刚译好一句，敌人又到了"杨先生"的附近。有线电话不通了，无线电话没有回声。这件命令已经交给我们，一切的责任都在项和我的身上，旁的单位都照着命令的决心动作了。而这时候"杨先生"还完全不知道，或者他们还单独陷于苦战。命令规定明天早上×点钟就要开始动作，现在快要到午夜十二时了，我们与"杨先生"的联络还一点把握都没有！凡公师长和六十五团长睡在铅板上睡得那么安稳，我们怎样办呢！

这几天我已经开始染上了很严重的伤风，总是咳嗽和打喷嚏，喉咙痛或许是抽烟太多的缘故，但是戒烟一天，还没有效验。遇到这样焦躁的晚上，我咳嗽得更厉害，而声带更感觉得痛，我的小手巾已经被鼻涕湿透了。这时候无线电话通了两分钟，刚一开始讲话又被切断了，我咳嗽着找着那几个通信兵。

"你们搅……搅……什么嘛？"

项参谋也顿着脚骂："这件命令传不出去，你们三个家伙明天……"

这时我们没有同情，也没有忍耐了。

又下了一阵骤雨，前面机关枪还是一连串地打过去。

好了，有线电话通了，凡公师长也醒了。他指示我们说："赶快利用时间，不要一字一译。把重要的话摘上几句，明天早上再补一份笔记命令。"

重要的字句译好，由项参谋亲自读给"杨先生"，半点钟后，"杨先生"回电给我们，回电很简单，只有"遵令"二字。

我看到宋秘书长始终躺在那边没有动，第二天早上我问他：

"我们发命令发不出的时候你睡着了没有？"

"没有"，他轻轻地笑着说："人心都是一样的，那怎么睡得着？是不是？"

九

这天是 5 月 26 日，我一生永远不会忘记这一天。

午前我还随从凡公师长到右第一线去视察，在公路右侧我们看到六十五团团长。这时候六十五团左翼突出部分已经击退了敌人的逆袭，而且站住脚了，右翼各部队超过了道路交叉处向东渗透。各路进展都很顺利，沿途仅仅有少数残敌没有肃清。当我们站在丛草边际的时候，偶尔还有几个狙击兵向我们射击，但是大体上讲，一切已无问题，师长已经很满意。

对付在路口白洋房内的机关枪巢，决定使用平射炮。平射炮已经人力挽曳上去了。左第一线枪声零乱。我去看了我们的重机枪队，工事构筑得很稳固，射界良好，回头我把一切所见报告凡公师长。

于是我们退回"城楼"下期待好音，只要左翼固守，右翼待机进攻，今天的收获不难达到我们的期望。

午后一时，枪声突起于正前方及右前方，有线电呼唤不灵，凡公师长很想知道各队进展的情形，并且要准备督战队及对付敌人夜袭的准备，他写了一张笔记命令给傅团长，要我送上去，同时将第一线情形视察后报告。

我在○○队抽选一个中士和一个列兵去，因为他们刚从六十五团回来，知道如何避免敌人的火力封锁，知道如何选择路线。我们就出发了。

我们走上公路的时候，有一部指挥车满载着空的担架直驶上去。○○队的中士强迫他们停车，驾驶兵很不高兴，但是他仍旧把车子刹住，让我们上去。

"快点上吧！我们有紧急公事。"

"我们还不是有紧急公事！"

"等下我可不能再送你们下来哟！"

"谁还要你送，我们不会走吧。"

车子直驶到道路交叉点不远，白洋房在望，我们下车，中士在前面领路。我们经过很多芦草地，以前部队停顿的地方，现在都已经寂无一人，我们在芦草里歪歪曲曲地穿了几转，又过了一条小河，水深过膝，流水冷澈骨髓。我想，这对于我的伤风不是一件好事，但是也忍耐着，连皮靴带绑腿的两脚就徒涉过去了。

我看到预备队就在这里构筑临时工事，我知道我们快要到了，但是中士说，刚才部队长就在这里，现在已经到前面去了，再上前去的路他也没有走过。

我简捷地和他们说："照电线走吧！"

我们又走过了两百码，电线也找不到了。但是前面是一个林空，过了林空，又是芦草，再过个林空，然后有一座村庄，里面都是我们的战士。我们通过那两处的时候，都是低姿势突然跑过去卧倒，因此我们都安然地到达村庄内。在一所茅屋下面我们看到部队长，我把笔记命令交给他。

这座村庄已经是密芝那的一部分。里面有印度式的水井，有许多木栅栏，很多印度人、缅甸人和许多我叫不出名字的人种，都已经集中在一间小屋子里面，很多小孩在啼哭。我们弟兄们正在围着村子构筑工事，他们正在拆掉那道木栅，因为恐怕敌人纵火。

我才知道我们右翼已经向左旋回展开，刚才我们上来的道路正和火线平行。六十五团长将每一个步枪队和重兵器队的位置、敌人的配备，以及他们将来的计划告诉我，我把它一一笔记在透明纸上。我把师长没有写在笔记命令上的意旨口授给他，他再在笔记命令上签字将原件退还给我，我们便回去了。这一次，○○连的刘连长和我们一起回去。

我们出了村庄，或许这时候我们比较要大意一点，但是我记得清楚，一路上我还叫士兵们："距离放大，姿势低一点，快跑过去！"这时候我们差不多走成一个"金刚钻"队形：我的前面是那位中士，左边有两个列兵，后面跟着刘连长，我在最右翼。当我快跑完第一个林空的时候！

"噗咻！拍！"

好像谁在我们后面放爆竹，我已经被推到在地上了，三八式的步枪弹击中我右边大腿。我爬到一撮芦苇下面，裤子上的血突涌出来。当时的印象是很清楚的，一点也不痛，但是感觉得伤口有一道灼热，而且渐渐麻木。我知道我的左腿没有受伤。右腿虽然贯穿了，但是似乎没有伤到筋骨，因为我还能够滚进几步。我松开了裤带，撕破了衬裤，把救急包绑上。一个士兵已经跑来帮着我绷扎止血。真想不到昨天在薛排长那边开玩笑似的要了两个救急包，今天真的都用上去了。假使不是那两个救急包，血会流得比现在多，并且伤口沾了污秽，情形还不堪设想。

这位士兵把我的冲锋枪接了过去，扶着我在丛草里跑了两步，我的腿又麻木了。于是再度躺下来。敌人在我们 × 侧方最多不过二三十码，并且他能够看到我们，我们看不到他，我们还相当地危险，

密芝那像个罐头

幸亏敌人没有再向我们射击。

我发觉我把裤带和冲锋刀都掉在裹伤的地方,我问扶我的士兵:"你可不可以把我那刀拿回来?"他笑着说:"××,你放心,我都替你拾起来了。"他指着他的干粮袋说。

刘连长上来了,他扶着我的右臂,另一位弟兄扶着我的左臂,让我右脚不着地,很迅速地通过第二个林空。这时候敌人潜伏在附近,我们的目标很大,有被一颗敌弹全部贯穿的危险,但是这几位同事们不顾本身的安危扶助我,这种勇义,将令我永志不忘。

另一位弟兄背着我过了小溪,再出来两步就遇着了担架队,就是刚才说不送我下来的担架队。

于是我就睡在担架上,经过那座桥的时候,很多美国士兵们跑出来和我们打招呼!

"朋友们,不要着急,你们干得顶好!"

我们报以微笑。

担架队把我们抬到师指挥所,凡公师长跑出来了,面上表现着忧虑的样子,我捏着师座的手:"师长,没有关系……"

我把前面的情形告诉他,我把透明图与部队长签过字的笔记命令交给他。我感觉得释然,我的任务已经完成了。我没有去见四十二团团长,但是我可以叫他们报告。

但是我忘记不了冲锋刀,我把李参谋的那柄交给项参谋,再央求凡公师座:"师长,您有两把冲锋刀,您把卫士身上的那把送给我作为纪念,好不好?"

师长连说:"好,好,……"就叫卫士把那柄刀解下来放在我的担架边。

宋、项和薛排长都送我到U字形的医院里去,美籍军医替我上药,眼睛眯眯笑着:"你运气好,没有碰着骨头。"听了他的话,我的信心更坚固,心情更释然了。

前两天看到的缅甸小姐替我注射防疫针，也是笑眯眯地说："You are very lucky. It might be worse."

✝

27日午前，红十字飞机送我们到后方医院。

躺在飞机上，我开始感觉得伤口刺痛。但是起飞之后，我忍痛看看机窗下的密芝那。

密芝那正在右边，白铅色房子隐约可见，但是飞机没有经过市区上空，只在伊洛瓦底江上打了一个转。

伊洛瓦底江水色浑黄，上面的白沫在打圈……

我匆匆而来，又匆匆而去，一切如在梦中。那底下是我们立誓要夺取的城市，我也在那里流了几滴血。我不甘心密芝那之行就是这样喜剧式的结束，我一定要卷土重来。

下次来我要在密芝那街上驶指挥车。

午后一时，我已经躺在××后方医院的病床上，我的长官与同事闻讯而来，他们带给我莫大的安慰，牛乳、水果和饮料堆满了小桌儿，我的勤务兵也来了。

陈参谋前次因为抽签失败，曾经生气病了几天，这时候他也不埋怨我，看着就说："你这只冒失鬼！"

我向他们叙述了一次负伤经过，他们又急切地问：

"密芝那怎么样了？部队都进去了没有？"

我看着勤务兵正在打开一个水果罐头，刀口正沿着罐头的边，还有圆周的一小部没有割开。

"密芝那好像这个罐头，割开的刀口正像我们的到达线。"

十一

我希望凡公师长现在可以吞食罐头内的所有物了。

六月六日写于雷多十四医院

六月十二、十三、十六、十七日《大公报》

加迈孟拱战役

自从写过那篇《苦雨南高江》之后，南高江畔的季雨，更是一发不可收拾。起先，雨水还不过在河床里面陡涨，后来突出两岸，作无边无底的泛溢。孟拱河谷本来就狭隘，这一来，整个变成水的世界。从飞机上望下去：下面是水和树，树和水，浸在水中的树，和淌在树中的水。这种景象，如入鬼乡。我们在河谷里面，看到工兵队辛苦搭成的桥梁一座一座地被水冲去；水再涨起来，每夜帐篷要搬动两三次，很多小丘陵成了孤岛。公路变成一段段污泥了，飞机场要待晴天才可以着陆了，最后，除了几艘汽艇之外，整个交通系统都陷于崩溃了。

但是，缅北之战已经进入最紧张的阶段。驻印军主力沿着河谷奋战七个月，倘使不能到达铁道线，干脆就要前功尽弃；另一方面，密芝那的奇袭部队势成孤军，而且有被反歼灭的可能。所以：兴废存亡，系于此战。

那一向大家都很紧张：军长刚从后方视察回来，又立刻飞赴前线。孙、廖两师部，也逐日在敌人炮火射程之内推进。C47式的运输机冒恶劣气候昼夜飞行（补给全赖空中投掷），失事坠落已经发生多起。炮兵阵地里面，掩体和弹药掩蔽部都像污泥糊成的，幸而有不漏水的纸壳弹药筒，炮弹得而无恙。树枝上纵横挂着橡皮布，每个官兵穿着透湿的衣服，靴底上结成大块污泥，在丘陵的斜坡上一步一蹒跚。只有炮口音还是那么响亮，每一震动，把邻近树枝上的积水都抖下来，然后弹道波在潮湿的空气里直划长空而去——

公路上，好几部指挥车陷在深泥里，看样子已经被困多日，车上偶然还有一个士兵，他的一身湿透，头顶上便是帆布篷凹着的积水，但是他一点也不关心，只用冷漠而忧郁的目光看着辎重部队的同事们。那些官兵们，从钢盔、面孔上，以至全身服装部沾满着污泥，现在正牵着骡马在尺多深的泥浆里面挣扎，每个人的目光都是冷滞而萧瑟的。

再前面，便是芦苇和池沼，丛树与荒丘，步兵勇士们在这阴沉沉的天气作生和死的搏斗。左面的库芒山和右面的沙逊山，现在都笼在烟云里。烟云下面也遍处是新三十八师和新二十二师的战士，他们从雷多出发转战到这里，已经半年多。半年多的经验，使他们觉得冲锋陷阵，并没有比在这泥泞而长满着丛莽的山坡上攀登来得更可怕。多么愁闷而霉暗着人心的天候啊！我们代表着人类忍耐的最大限度，可是，这限度也快要被突破了。

只有高级将领的心头并不黯然。他们静心读着透明纸上的态势图。以态势论：敌人和我们南北对峙，南高江把彼此的阵地劈为两半。两岸地势太低湿，我们只留置了一部分兵力；主力已经向左右山地延伸。这种延伸完成，很能够将敌人一举包围；只是这些山地很陡峭，攀登迂回并不容易，以补给条件论：我们依赖空运；他们有铁道线，彼此的利害参半。以数量论：原来相差无几，作战七月，死伤相继，彼此的情形也不相出入；但是最近敌人得到大量的增援，第五十六师团的一部已经出现于战场，第二师团的第四联队和第五十三师团的主力也将于最近到达，很有推翻均势的可能。如果我们要保持攻击的威势，还应当投入新锐兵力。现在我们总算增加一团生力军。

局势既然如此紧张，我们不能再错过战机。要快！快！快！印缅区的雨季里，气温却仍旧燥热。这种潮湿而又燥热的空气令人心慌，高级将领们虽然乐观而自信，那种"要快，趁快！"的情绪却笼罩着整个司令部。

这是"燥急的六月"前的一般景象。

燥急的六月终于被打开了。右翼廖师长麾下于 5 月 30 日突破马拉高敌主阵地，敌人在这一带盘桓近月，最后不得不狼狈南窜。这天以前，敌人以堂堂之阵和我们在河谷里持久抵抗，从此之后，他们就被驱进加迈公路曲折部的盲肠内，完全失去斗志。

左翼孙师长麾下在南高江以东占领三千二百英尺高的瓦兰山顶以后，全部兵力也兼程南进。西汤支队以一团不到的兵力在丛山之内奔突四日，5 月 27 日，全支队游泳而达南高江西岸，占领加迈以南七英里的公路要点西汤，并且迅速向南北两端席卷，当日就控制公路长达四英里。他们这样突然出现，使敌人不得不惊惶失措：很多部队正在开饭而毫无警戒，一时空袭警报齐鸣，敌人居然把支队当做降落伞兵！到午后，支队更蹂躏到敌人的重炮阵地，掳获十五公分重炮四门。

局势既然急转直下，高级将领的乐观与自信更加充沛，士气也更为旺盛。孙师长几次来电：只要派一部分兵力来接守后防，他的部队不仅可以打通公路，并且可以南下孟拱。廖师部的幕僚会议，决定以强大的兵力侧敌行。军长也亲赴廖师部。驻印军的兵力，至此展开到最高度，各部队都没有控制什么预备队，就一线成凵字形，在遍地泥泞中向南运动。

大雨仍旧倾盆而下，部队行军速率是每六小时一英里。三十八师已经有弟兄三名失足掉在泥渊中，以致窒息身死。这一军两万人，在透明图上构成"有利的态势"。可是对我们每个兵员讲，我们这些"有利的态势"是纵横蹂躏于山巅谷底，每个人泥浆到顶，一列列地人倒马倾。对高级将领讲，这是孟拱河谷的最后一战，不是大捷，便是惨败，这中间毫无转圜之余地。

6月1日到3日，廖师的右侧支队由右迂回成功，在加迈西北，截断公路和附近的小径。经此一役，加迈两端都入我军掌握；而敌人十八师团主力还在以北的索卡道一带山地，前面既被我正面部队压迫，后方交通线又经遮断两处（另一处在西汤），已经陷于死地。右侧支队一面在公路上布置障碍，一面向南亚色一带搜索前进，担任阻塞公路的这一营于1日到6日间，曾经被敌人两个大队兵力反复猛扑。我官兵虽然弹缺粮少，完全没有重兵器，增援的希望又很渺茫，仍然死守道路不退。以致敌人由北向南打通退路的企图始终不逞。4日以后，我们正面部队再把逐连逐排的兵力加入火线，加紧向南的压迫，并且各单位再分段派出截击队，到处设伏，使盲肠内的敌人处境越加狼狈。7日，我军已经摧破敌人的抵抗，并且击灭以工兵队组成的残敌百余名。到黄昏，发现敌人炮兵阵地。激战一昼夜后，占领整个炮兵阵地，掳获一〇五重炮四门、山炮六门。9日，正面两翼队和担任截路的右侧支会合。一旬之间，十八师团的主力就此瓦解，残存兵员不过三五百名（根据俘供），在毫无组织之下，各自向山林内逃命。

在廖师肃清盲肠时，孙师的西汤支队也陷于苦战。西汤支队迂回更远，楔入更深，到达更早，也更使敌人感到痛苦。所以敌人曾集结公路南北两端的兵力前后夹击，一定要恢复赖以生存的交通线。西汤剧战之日，敌人曾以一个联队兵力，附重炮四门、野炮十二门、速射炮十余门和轻战车五辆由南北两端同时猛攻，我军数量火力两居劣势，犹不得不两面作战。5月28、29两日，支队南北两端告紧。幸亏各队都能倚借地势，发扬火力，敌人攻势都被击退。

6月1日，敌一大队向我南面阵地攻击三小时，被我军击退，敌遗尸达五十余具。午后4时，企图秘密迂回阵地左翼，反被我军袭击。再拟封锁支队通后方的渡口,又被我军发觉。同日敌一大队凭借各种炮火向北防御的第三连猛攻,也未得逞。2日清晨,敌再向第三连攻击。一日之间,冲锋达十四次。我军弹药过少,又无炮火支援,以致连长殉职,第一排与敌肉搏五小时,在毙敌八十名之后,亦复全排牺牲。当时形势一度危殆,第三连死伤过重,被迫稍向南撤。而敌一中队,又追蹑到该连侧翼,幸经第一连发觉,以火力反包围将敌队形击溃。从此之后,敌人犹复昼夜攻击,支队在凄风苦雨、死伤枕借之下被迫两面迎战。到6月5日,支队原属的第二营由东岸归还建制。西汤支队突然得了这批生力军,信心更加坚固,又继续支援到9日。这时候索卡道的盲肠已经肃清,全军准备捕捉加迈袋中之鼠,敌人亦复觉悟击灭西汤支队为不可能之举,战事才稍沉寂。

西汤支队和右侧支队的孤军奋战,对于全军以及全战役都有决定性的影响。他们不仅牵制敌人兵力;并且破坏了敌人的计划,使敌人纵有优势兵员与火力,无法集结使用,不能形成重点,构不成有利态势,只能放弃主动。试想在那样阴风霉雨的季候里,我们部队前后散置在泥沼内外,不是他们那样积极有企图心,能够艰苦奋战,让我们主力按敌人的计划一步步走进火网,会招致如何严重的损害!

就在这一星期之内,孙师的一团乘势向南突进,占领巴棱杜,瞰制孟拱城。孙师的另一团肃清南高江东岸残敌,追迫到加迈对岸的支遵。廖师各团也继续分段席卷。凵字队形已经扼住加迈四壁。5月15日,凵字队形变成〇字,支遵一带的我军以橡皮舟开始渡江,廖师长各部也深入加迈西南。西汤支队同时奉命转移攻势,"振臂一呼,创病皆起",一日之内,击毙敌第四联队第一大队长增永少佐以下百余名,由南向北,所至披靡。16日各队向核心工事区冲杀,几经肉搏,遂于13时占领加迈。这地方是敌人一年以来转运补给中心,累存的粮秣被服不可胜计。一年以来,敌情图上总是把这地方画成一个很大的红圆圈,现在总算改成蓝色队标,表示我们已经扫穴犁庭了。

这时候孟拱的敌军还有第五十三师团的主力，兵力虽多，举棋未定，一面对北要防御我军南下，对西南又要应付铁道线上的英军。炮兵联队长高见量太郎等部队未遑集结，只顾良肴美酒，一味责怨部下。一部分兵力原拟增援密芝那，半途又折回孟拱，我们勘破敌人这些弱点，决定放胆断行，奇袭其最感痛苦方向。

6月16日夜，大雨滂沱，遍处泥泞没膝。孙师在巴棱杜的一团轻装南下，几经绕路旋回，于18日晨到达孟拱东北二英里半南高江的北岸。当日江水陡涨，河幅宽四百码，并且水流势急，这一团人以一日作渡河准备，居然于当晚到达孟拱东北，敌人还未发觉。20日晨，敌军正攻击英军，使其被迫后退，我军突然出现于两军侧翼，使敌人仓皇之下，溃不成军。北岸我军也策应阳攻，使敌人不知措手。南岸这一团人在敌人混乱之下迅速旋回展开，配备少数排哨阻塞东北，主力由东北绕南而到达孟拱西南，然后对孟拱城猛攻。23日，已经占领火车站及城区一半。敌军退守西北隅顽抗不去，巷战两昼夜后，我军才收复这缅北名城。

加迈、孟拱战后，缅北之战才算得到决定性的胜利。驻印军在铁路线上立住了脚，生住了根。但是我们付出的代价不算不重大。战死战伤的不用说，即以未列入死伤数内的官兵，所受的痛苦，也非言辞得而形容。军长于6月18日到加迈，慰问各单位官兵时发现很多弟兄两月之内不曾脱过鞋袜，并且长久浸在泥浆水泽内，再脱下鞋袜时，脚上的皮肤附在袜子上整个地被撕下来。

敌人，尤其是十八师团的敌人，已经在战场上和心理上都被击败。这次战役他们集结了十八师团百分之九十的兵员，五十三师团的两个多联队，和第二师团的第四联队，火炮之多，也超过我军。结果这样被分段围歼，实出意料之外。到孟拱攻下时，我们计算掳获，第十八师团和第二十一重炮大队的重榴弹炮、野炮、山炮都全部在内（全战役我们掳获各式火炮一一六门，各式车辆四六七部）！并且俘虏田代一大尉以下一一七名，也为战场上罕见之举。

6月底到7月初，每日都可以捕获俘虏。有些敌兵穷无所计，浮在木板上顺流而下南高江，希望在下流可以归还敌队，不时被我们捞获。有些逃散在山林内被嘉亲人捉着缚住。也有些在向土民乞食的时候就擒。甚至部队里的伙夫勤务兵都呼唤着："到山上捉敌人去！"他们以捕俘请赏当做狩猎一样的游戏。每日夜枪声不绝，后来廖师长甚至下令："每次鸣枪，一定要缴去一名俘虏，否则即为无故鸣枪，应受处罚。"

这些俘虏，对他们的官长一致痛恨：五十五联队的士兵骂他们联队长山崎四郎是一只木脑袋。一一四联队的士兵说他们的联队长丸山房安作战时还带着一位美貌的慰安队长。五十六联队的士兵对他们的联队长最为愤激，这位长久竹郎大佐，在最后我军合围要完成时，收集部下一百多人，连伤病的都在内，要他们死守一个山头，他自己下过命令就马上趁机会先逃走了。

敌人留下的物资，也多得不可胜计。很多日子，我们弟兄都拥有日本军毯，享受日本米饭以及海带、酱油粉等；即以我军收集的文件而论，大的编订成册，哪一个队职官长曾受几等勋，哪一天升中佐，哪天向经理科领了多少出差费都赫然在目。我们的情报参谋皱眉："我们只管野战参谋业务，要这样详细的资料干什么？"

战役结束了，大家对敌军的估价：

第十八师团总算还不错，以一对一还能和我们支持半年。可是这一次终于被歼灭。第二师团和第五十三师团未免太差劲了。

八月十四日

8 月 14 日，中美混合机团的朋友们在印东基地庆祝空军节；他们邀请我们去玩，我们一窝蜂似的拥去了。

一到那边，我们才发觉他们几十个队员们住在草地的帐幕区内，连一个勤务兵也没有。我们这一群内还有两位将官——龙师长和盛书记长，他们自队长以下给我们以优渥的招待，忙得每个队员部当差，我们感觉不安之至。于是我们到外面乱跑免得太麻烦他们：朱参谋找到了一位飞行员，是他军校时候的同学，他们去谈空军里的生活去了；小钟到飞机场去看 P47；我不知如何钻进美国帐幕区，被一位照相专家吸引住了，他说他是航向员，照相不过是玩玩，但是事实上他担任拍摄全队的生活照片。

等到回到他们的餐厅时，朱参谋已经收集了很多资料，他就在一个角落向我们广播。他说：这些队员都在美国受过训，他们的待遇不过和陆军差不多，他们自作战以来还只掉过一架飞机，没有损失过一个人员，他们的军士级人员都戴人字臂章，和美国军士一样，不过质地是红的。

他们的中国队长是吴超尘，最近才升少校。我说好像在哪里看见过他的名字，但是记不清在哪里了。这位队长身体不高大，说话的时候也是柔声柔气的，和美国队长（也是一位少校，他的名字我忘记了）的粗肥体格成一个强烈的对照。说到这位美国队长，令人不大相信他是一位飞行人员，看上去年龄在三十五岁左右，体重起码有二百五十磅，眼睛是大而蓝的，面颊是红的，就像一位惯喝啤酒的中年人。但是他的精神非常好，工作效率非常高，那天，他自己就亲自率机群去轰炸，听说他历来常常如此。

还有中国方面的张副队长，是一位热情流露在外面的东北青年，他曾亲自驾车邀我们参加庆祝会，并且一块去找新六军商借军乐队和向汽车兵团请业余剧团参加表演。所以我们好像很熟，真想不到这次一晤面，我们就生出了这么多事。当时他又替我介绍他们队里的作战参谋崔上尉。崔上尉是八一三以来的老将，他和我们谈淞沪和武汉时代的古战场，以及后来在成都驾轰炸机逃警报的险遇。他又感慨地说，他们在陆军里的同学，都当少将了。我们很同情地说，我们觉得你现在的地位比陆军少将好。

在他们的餐厅里我们还认识了美国方面的作战参谋（他们叫做OPERATION OFFICER）西格菲司上尉。这是一位浅褐色头发，淡蓝眼睛的小孩（大概二十二三岁），他不大说话，但是他的精力到处想找地方发泄，看着他静静地坐在那儿，可以窥见他的内心正在想着什么激动的玩意。后来我们听到人家说：他是十四航空队里的出色人物，有炸沉敌人十四条舰艇的记录。但是看他的样子不过是一个带稚气的青年，顶多不过是一个棒球选手而已。

9点钟左右，他们集合升旗，什么东西都是双份：中国国旗、美国国旗，中国空军旗、美国空军旗，中国队长和队员、美国队长和队员，中国和美国军士，跻跻跄跄，站满了一大坪。所不同的，我们有两位将官率领着我们观礼，他们没有；他们找来了几位美国飞行护士小姐，我们这边没有。

升完旗之后就举行纪念仪式，这种仪式单调而冗长，完全是中国式的。一下稍息，一下立正，美国带队官不懂这些礼节，就只好看着中国队的值星官动作，有时候也不免做错，而适得其反。太阳越晒越厉害，演讲的越来越多，美国朋友们听不懂，也耐不惯，有些顽皮一点的军士就慢慢地、很自然地坐在地上了，还有些也不报告，就径自走了。这里可以看出中国人的刻板严厉和美国人的活泼随便。我不在这里讨论哪一个好；我只记得去年，我们在德里参加联合国日的时候，全典礼只有国旗、军乐队、五光十色的制服和轻快的纵队行进，没有一个人演讲。我觉得，我们国际性质的集会里所有的仪式还是轻快一点的好，就是纯粹中国人的集会里，最好也弄得简单一点，请演讲的时候尤其不要把所有有地位的人都拖出来应酬一下，因为在台底下肃立听几小时的味道实在不好受。

好容易典礼完毕，我们回到餐厅，崔参谋告诉我，他们今天下午还有任务，恐怕要派飞机出去轰炸。很早以前我就希望有机会随机观战一次，因为地面战斗我已经看得够了，总不能脱离那一范畴。空战，轰炸，这是多么有刺激性的节目！五千英尺的灵感，高速度里的偶然性，简直要使我们心醉！恐怕那天是中国空军节，他们对于观战的座席特别慷慨吧。我们和崔、西格菲司商量，西格菲司去请示。回头他告诉我们，陆军方面的同事们如果想去观战，你们可以去五个。他还把左手五个指头伸出来，用中国话讲："五个！"那一下使我们高兴得几乎跳起来！

朱和小钟还在帐幕里休息，我跑去大惊小怪地告诉他们："喂，他们去轰炸，我们可以坐他们的飞机去，还有座位，你们去不去？"

他们当然说去，我们六只脚板劈劈颇颇地跑回餐厅，马上跑去报名。五个人已经足数了。第一个是吕德润，那时候他还在军部兼秘书，他比我们先来一天，到此的目的就是随机出征。此外就是我们三个和凌课长。凌课长天性好动，好奇心比任何人都大。据说在雷多的时候，无论是谁的车子，也不管开到哪里去，只要给他碰到了，他总要跟着去，这次，他更没有不去的道理。

西格菲司一定也很赞成我们这种莽撞，但是他笑着说：

"你们四个人可以随着编队参加中空轰炸，一个参加低空轰炸……"

他的话没有说完，凌课长抢着说："那么我参加低空轰炸。"

西格菲司接着说："低空轰炸是去破坏腊戍附近的一座桥梁，炸完就走，非常危险……"但是凌课长接着："Me—Low—Altitude."

我想和他妥协："课长，西格菲司上尉讲低空轰炸很危险，你是一个课长，出了事不大好；并且，我这里有照相机，让我去算了吧，拍几张照片回来大家看看……"

但是他一干二脆地坚持着："我去低空。"

我真后悔在雷多的时候不该把空军节的消息告诉他，假使在平时，我一定要和他争执辩论一番。但是现在许多人面前，他是中校，我只有尊重他的意见。于是他一个人参加低空轰炸，我们大伙参加中空轰炸，事情就是这样决定了。

指挥车停在餐厅外面，他们说吃完就出发，并且要快，所以我们那一顿午餐,极尽狼吞虎咽之能事。这一次轰炸要飞行三个多钟头，我不知道是多吃东西还是不吃东西好。加以没有参加低空俯冲轰炸的机会，多少有些不快，那一顿饭更吃得莫名其妙了。

刚出饭厅，看到凌、朱、钟每人借了一件飞行员的皮夹克，我也不知道是哪里借来的。仓促之间，我也借了一件毛绳衣，加上我自己的毛绳衣，想总也可以对付了。后来我才知道完全用不着，这三小时内，我们连穿一件毛绳衣的需要都没有。在野人山一带飞行时，我们坐上 C47 也飞一万三四千英尺，那天我们最高却只飞到一万一千多英尺，有许多飞行员始终穿着一件薄薄的白背心，就像在雷多区开卡车一样。

现在，我写这篇记录的时候，虽然事隔多月，一切印象如在昨日。我记得人员坐满了小指挥车，大卡车小卡车地簇拥到司令台下，有的攀在车沿上，有的坐在引擎盖上，和电影里看到的毫无二致。下车到布告处，每一组飞行员、航向员、通讯士和射击士的姓名已经用打字机打好钉在布告板上（都是用罗马拼音），连我们观战人员也在内。我赶紧找人介绍认识我那一组的飞行员，名单上写的K.L.CHANG；后来我才知道他叫做张广禄。我又赶快记住他的面孔，是一位眼睛眶很深，头发墨黑的青年。那时候大家聚散在走廊上，我随时注意着张的行踪，恐怕一下出发找不到人，把我遗忘掉了。

那天九架飞机参加中空轰炸，轰炸的目标是MOHNYIN村内敌人的仓库和军事设备。那时候中英部队正沿着铁道线前进，MOHNYIN是敌后三十五英里的一个重要补给站。九架飞机内，有三架是美国人驾驶，其余都是中国人员。我再看名单：小钟排在美籍人员的飞机内，我们四个人外，临时又参加了两个观战者，是特别党部的邹干事和新闻记者乐恕人君，西格菲司用铅笔替他们添上去了。小朱由一架飞机换到另一架飞机上，理由是：他高兴坐在他老同学飞的飞机上，西格菲司也用铅笔替他改了。

我只知道他由一架飞机换到另一架飞机上，殊不知他由我们这个编队换到旁的编队！当初派遣轰炸腊戍铁桥的时候，决定只有西格菲司上尉单机去，所以也只有凌课长一个人去观战。到午餐之后，我不知道他们决定再加派一架，正好由朱的同学驾驶，这一更换，朱也跟着到腊戍去了。在那一阵更改的混乱里他们没有告诉我。事后朱说，他自己到上飞机之前也不知道是低空炸腊戍铁桥。现在，我想他是知道的，他的同学一定和他说过。大概是远征腊戍，又是俯冲轰炸，他恐怕好机会给人家竞争去了，所以只说换一个座位，就悄悄跑到两架编队里去了。我一直到轰炸归来吃晚饭的时候才知道这回事，当时后悔得要搥自己一顿。我想：我首先发起参加空军节，又首先提议坐轰炸机观战，现在头等座位一个也给人家坐去了，两个也给人家占去了。到后来几天，我才知道他们坐头等座席可增加了不少的麻烦。

我那样想看俯冲轰炸，因为我看过一套富于刺激性的照片，影片写着一架俯冲轰炸接近目标的情景，各影片的距离是两千英尺、八百英尺、四百英尺和两百英尺，但是从俯冲投弹到拉高，不是照片、电影或者文字所可以表露的。像很多类似的场合一样，真实要体味到这种动作的经过只能凭感觉。所以，从上车到出发我还苦苦央求凌课长和我换一换座位，一方面他不会答应，我也知道这种央求为徒劳。

位次组别排好，到地图室里听美国队长讲解任务。这一间房子有黑板，有讲台，有一排排的座位和满壁琳琅的航空照像，和我们常见的教室没有两样。美国队长当讲师，旁边还有一位翻译官当翻译。大概这种任务他们是常去的吧，所以没有多少可以再讲的。我只记得他规定投弹时飞行高度是五千英尺，进入目标时角度为一百多少度，什么情况解散队形，什么时候集合，我又记着他叮咛如果有敌机拦截一定要记住飞机的式样或种型等等。

我们真的出发了，崔参谋领我们到降落伞室领了坐式伞和钱袋。这钱袋里面密密地缝着九十六个银币。在缅甸，盐糖、布、线、鸦片和硬币是可以收买人心的东西，也只有这几样东西引得起土人的兴趣。我们学着他们把钱袋系在腰上，多少有点好玩的心理，假使我们真被击落，像半个月前他们队里的一组人一样，爬山涉水地逃命回来，这九十六个卢比就是我们的旅费。

于是我们再爬上卡车，各就各位地到停飞机的掩体里去了。卡车经过一飞机的位置，坐在顶上的人大声叫着飞机的号码，车子停一停，这一组人跳下车来；到另一架飞机，又一组人下来；到第三次是我们这一组，航向员刘、射击士马，都相继跳下来，我跳下来的时候，他们帮我接住降落伞，这时候我看到飞行员张、通信士和另外一位射击士也从另外一辆车上下来。

一架 B25 张开肚子伸着三只脚停在那里，地上都是敷着凿孔的钢板。这种 B25，初看上去是很不顺眼的，引擎比翅膀还要长，头大身体瘦，满身枪炮林立，后面还是双尾舵。但是，它是世界上最好的中型轰炸机之一，第一次轰炸东京就是它干出来的。它要飞上云天的时候，才特别有一种美感。这时候刘又告诉我：它现在还在一天天地改良，它的姊妹的名称有 B25A，B25B，B25C，……B25E，又还有 B25E1，B25E2……新型的一架架比老型的好。你看过劳森上尉著的《在东京上空三十秒》没有？比如说：他的 B25 上面就有副驾驶手，我们的没有。

张和他的三位军士在摘炸弹上的保险丝，我也弯腰跑到炸弹库下一看。怪不得他们摘了那么久还没有摘完！他们替飞机挂了这么多炸弹！不过我又感觉得怀疑：都是这种轻迫击炮弹大小的家伙，用到敌后去轰炸到底有没有价值？后来再想：缅北的目标多半是没有多少抗力的村落，有这种炸弹的杀伤力和破坏力也就够了，他们的选择是不会错的。

飞机场上遍处引擎响，友机一架一架地起飞了。张广禄催着他们："快一点，他们都起飞了。"但是只怪炸弹太多了，摘保险丝也不是一件容易的工作。

在那九架飞机里，我们大概是第八架起飞的。我跟着他们从机腹的小门里爬进去的时候，感觉得一切都新奇。在机头部这间小舱里，有飞行员、航向员和炮塔上的射击士。机腹的通信士和尾部射击士另外有一间小门在后面。假使不怕麻烦的话，前后的小舱里也可以爬行。当然，设计这种飞机的工程师没有打算还有一个人观战，所以我没有固定的坐席和无线电耳机。我把几具降落伞在张和刘的正后方搭成一个舒服的沙发，把毛绳衣垫衬着凹处。座位刚弄好，张已经把飞机滚到跑道上飞。没有多少时候就起飞。他们机内人员没有什么通话，司令台上怎么叫张起飞我听不到。我那时候注意到的：这种飞机起飞比运输机简便，调整旋率就很快；他们说，轰炸飞机的跑道比运输机要长，但是我看他们只在跑道三分之二的地方就升空了。

现在我想：我们同来的伙伴们都已升空，马上就要编队了。飞机继续爬高，向左转，又继续爬高，刘已经把起落轮收进了机腹。向上一看，蓝天如碧，气候真是再好没有。我们左边有两架，右边还有四五架友机，我们的飞机赶上左边的一分队里去，好，已经赶上了。这一分队的长机是美国飞行员，他的飞机上涂着美国标识。这两架僚机却漆着青天白日的国徽，尾舵上也保持着中国空军惯用的蓝白条。但是每架飞机的鼻子上却都涂着他们这一队共同的队标——一条龙跳起来向着旭日。这就是中美空军混合团，我想平常人家说与盟友并肩作战，没有一个单位再比他们确切了。

那位美国队长，那么胖的身材，那么庄严的面目，也亲自驾着一架飞机向敌阵飞去，令人有滑稽之感。又转了一个圈，飞机更升高了，看到下面的帐幕只有一块橡皮那么大。九架飞机都到齐了，开始振翼向东而去。但是各分队还是自己为单位飞着，分队间的距离起码有好几千码。

张广禄望着他的长机飞，他的工作很麻烦，有好几十个仪表要看，又有这么多操纵具，头还要向左扭着，以便和长机保持间隔和距离。长机隔我们真近，尾塔上的枪手看得清清楚楚，要是我认识他的话我一定可以和他打招呼或者做鬼脸。张广禄的颈力真强，我要像他那样把头扭上几个钟头恐怕以后一辈子都摆不正了。

底下巴马布特河在望，公路上各城镇像一幅地图样地摆在那里。在这种编队飞行里面航向员比较闲，刘就和我写出飞过每一村落的名称。他有一大幅航空图和一只胶质角度板，手里还有一支铅笔，因为他们航向员随时都要准备用数学。机顶枪塔射击手马应龙老是旋转他的坐椅，在没有飞出印度以前，对于敌机倒用不着那样顾虑，但是也要防备万一。况且他的胶质枪塔上没有遮阳板，现在太阳晒得正厉害，所以他口里的口香糖嚼个不停，坐着的转椅也旋个不停了。

里多区和附近那些空军基地，都一飞就过去了，现在我们在山上飞，高度虽然增加，但是并不冷。我觉得轰炸机比运输机还要平稳，速率快了好多，这是感觉得到的。飞上野人山的时候，三个分队稍微密集一点，但是还没有像飞机与飞机间编队的那样密集。并且右边那个分队就显然要比我们飞得高。

到孟拱以后我们飞低了一点。这片天空，连一点云彩都没有。下边的铁道线，右边的英道吉湖，以及铁道两边的山，与地图没有两样。我们的队形更要密集了，并且沿着铁道线飞。我们就是这样进入敌人的上空！恐怕我们这样大模大样一来，敌人已经在MOHNYIN放警报了。我回想这几年来，我们到处躲警报，到处都碰到敌人的飞机嗡哎嗡哎呼啸着从天边出现，提心吊胆地看着他们投炸弹，现在易地而处，倒也大快人心！我虽然不是空军人员，瞧着张广禄他们在这里造一点祸害也可以平一平我们的气。我希望敌人的战斗机出现，我记着张副队长讲的，我们九架对他们九架毫无问题。这十五挺枪炮发射起来不知道是怎样景况，突然敌人的机关枪穿进机腹可又怎样惊心动魄！我希望他们干一场，但是我希望他们不要把飞机给打掉下去了。我也希望看一看敌人的高射炮，但是又觉得不大好，我们队形这样密集，高度又不到两千码，高射炮打来一定有损伤……

我正在胡思乱想，航向员刘递过来一张纸条："进入敌境。"

这时候身体的反应和在地面进入敌人机关枪射程内是一样的，心跳加快；各种印象虽然一样清晰，但是好像在脑部升高了一点；这时候自己讲的话音调和语气纵然和平常一样（别人可以听不出破绽），但是自己听去觉得不驯熟。假使你对"预期的突然的不幸"想象得更多一点，你会露出马脚，而会被人称为懦夫。事后想去，这种情景是很可笑、有趣而且愿意再度尝试的。在飞机里面所不一样的，是机械与枪炮上的操纵要求一点思考，不能将全部脑力任直觉发展，空军人员，心理上与生理上也经过一番选拔；引擎的响声多少也给人一种安慰。

张广禄仍旧扭着颈子飞，马应龙的枪塔仍旧在左右摇摆，我们可以看到战线的痕迹了。在这走廊内，有一条铁路，有一条和铁路平行的公路，此外，交错着一簇簇的丛林和一片片的开阔地。刚才我们过来的时候，那一截公路上车辆还是很多的，现在这边一点活动的痕迹也没有了。我们看到丛林里突然出现的烟雾一闪，那是我们的炮兵在射击（那几天，新一军的炮兵正在英军步兵后面协同作战）。我尽眼力瞧去，希望看到下面的步兵勇士，但是没有看到。再飞过去一点，看到一簇树林正在燃烧，火焰很猛烈，连绿色的树叶都燃着了，竖起来的烟柱有两百码高。我用右边的友机做陪衬，对着这丛林烈焰和默默的铁道拍了一张照片，但是距离太远了，又没有滤色镜头，后来冲晒出来看不出什么。

又再飞过去了一点，队形更密集了。我再看下面：这附近有很多村落和林空，但是没有一个地方不是重重叠叠地掉遍了弹痕，他们对这些地方可真费了一点劲！

太阳还是那样出得神气，天上还是一点云彩也没有，向南蓝天半壁，哪里有敌机的影子？今天的空袭大概是很平淡的。

"HOPIN"，刘用铅笔在他的纸上画着，并且要我看那下面的村子，这是一堆竹房子，当中夹着几栋漂亮一点的房子，统统炸坏了。我点了一点头。

"MOHNYIN"，刘又写好了，老远就用指头指在机窗上要我看，他的指头一直摆在机窗上摆了好久，我知道他的心神一定被目标吸引了。

等到我们可以比较详细地看到MOHNYIN，长机的炸弹门已经打开了。我们对着一座白色的小塔直飞。现在可以看得更清楚了：房子很多，有几座比较新式的建筑，还可以看得清黄色的围墙。就在这时候，长机里掉下了三颗、四颗炸弹（我的注意力完全集中在长机上去了，刘和张在那边做了些什么动作我不知道）。一下炸弹脱逸了我们的视线，底下围墙内外烟灰突涌出来了。我记得很清楚，我听不到爆炸音响；但是小钟以后坚持着他听到，或者他是对的，因为他坐在机腹的枪座附近。

没有几秒钟，队形已经飞过了MOHNYIN。飞机还是向南飞，又飞了几秒钟，整个队形向右大转弯。因为我们是左翼分队，各个飞机的动作都看得清清楚楚，那一下真好玩。队形向西，向西北，折转向东北，难道丢了这几个炸弹就回去了吗？不，刘在纸上回答我，"还要再来一次。"不过这一旋回转动得真大，几乎又跑到孟拱和英道吉湖上面来了。队形还在大转弯，于是，太阳又在右前方，我们再沿着铁道线向西南飞。

刘再写了一个骇人听闻的纸条给我："敌人高射机关枪向我猛烈射击。"因为我们在机头部，只能看到正前方的下空，那里一点动静也没有。此外也看不到听不到什么，所以我几乎不相信；我在刘的纸条上添了两个字"现在？"他肯定地点了点头。一直到后来回到基地我才知道敌人的一颗枪弹居然射中了我们一架飞机，幸而没有伤人，只在尾部枪塔的透明胶片上划开了一块。——敌人的前置瞄准量计算得太少了；假使他们能够把这点也修正，集束弹道钉死了我们的队形，恐怕会有几个人不能安全回来。当时我没有耳机，不是刘告诉我根本不知道这回事。小钟坐在机腹上，他能够看到曳光弹向飞机上钻，不由得把头部后缩。

我们又到了目标上空，刚才投的炸弹还有三个火柱在燃烧着。

我突然想起：我忘却了一件大事。我们飞机上没有投弹瞄准器，我们依着长机的指示投弹；但是我们的投弹器在哪里？我再写着问刘。他回答我："看飞行员左手的大拇指。"我一眼看去，张广禄的左手在操纵杆上的方向盘上，这种方向盘和汽车上的不同，只有半个圆周，上面有枪炮的捺钮。在半圆左边的末端上有一头漆着红色，只要用大拇指在这红色上按几下包管有几个敌人在下面倒霉。

炸弹门早已打开，第二次投弹开始了。长机投出来的炸弹到处都是，一下甩了一大把，张广禄也开始捺着红捺钮。这种轻弹投出来没有电影里所拍摄的好看，不能够像中型弹一样一个个很整齐、很匀均地在空中排成一把梳子才开始下坠。它们一出弹库，就纵横都有，前面飞机投下来的好像要碰在后面飞机上，突然钻下去变得看不见了，然后那黄色围墙内外又突起了烟柱、灰土与火花。在阴处着发的炸弹还能看到火花一闪。

张继续捺着，把飞机上七十几个炸弹都投完了，开始跟着队形再来一个向右大转弯，这次真的回去了。

这三点多钟的飞行，兴奋与好奇的满足可以抵消疲乏而有余。回到基地，大家跑到中枪的飞机附近去观光，那位枪手刚从千钧一发的机会里死里逃生，现在很神气地和人家谈着当时的奇迹。这一切和我们在四月中参观战车部队的战斗一样，恐怕技术兵种的快乐也就在这里。

吕德润说有一点，但是只有一点点头晕。小钟提议我们司令部观战的人员照一张照片，我说："等小朱他们下来再照吧。"我们这时候才发觉小朱已经瞒着我们到腊戍去了。

他们由西格菲司领队，西格菲司飞行，张副队长担任航向，还有三个美籍士兵在一架飞机上，凌课长就在他们机上观战。朱参谋坐在他的老同学的飞机上，他们一飞机都是中国人。

他们本来和我们一样，准备吃过饭就出发。不知如何油弹员把炸弹挂错了，统统挂的小炸弹，但是他们的目标是钢骨水泥的铁桥。

他们只好换炸弹，每个飞机挂了六个五百磅的大家伙，所以到两点钟才起飞。

本来，我们希望他们在日没之前回来，他们没有回来；我们想等他们吃晚饭，吃晚饭的时候也没有回来。空军节的节目还是照常举行，他们全队的中美官兵在一块聚餐，餐后汽车兵团的剧团表演平剧。他们队里的人都很自信，认为不会出什么事。他们说："或者油不够，他们降落在旁的机场去了。"

"假使那样，会不会有消息通知这里？"

"我想会有的。"

到七点半，就是降落别处，他们也应该加着油飞回来了。我们总觉得不大妥当，在会场里脸上发热，我和钟从剧场里退出来，坐在草地上看着满天星斗。空气新鲜，凉风四起，不时有飞机来去。我们没有说话，默默地听着引擎声响，但是只有失望，这时候挂着红灯来去的都是运输机，并且没有一架在这个机场降落。

剧场里的锣鼓声不绝，到九点钟，我们相信他们不会回来了。在脱衣服睡觉之前，我们脑子内幻想出一幅飞机触山着火的图画。

到第二天，消息渺然；第三天，消息也渺然。他们的行踪，永是一个谜。被敌机击落螺旋下坠了？我想象着尾旋以前，没有失去知觉的一秒钟心内是如何震骇！在黑夜里触山？那幅可怕的图画又浮现在眼前。他们还有一线希望——被迫降落，但是公算是非常少。还有一种可能我们不堪想，被俘。我们假定他们是不会被俘的。

我们的公报已经宣布 8 月 14 日轰炸缅北军事目标，两架飞机失踪；但是敌人的广播里并没有说击落我机。失踪！他们很正常地很平静地和我们一块吃午饭，吃过午饭就是这样一去不复返吗？盛书记长说："我们想到张副队长，印象是如何地深刻……"他们说，空军方面已经去信通知失踪人员的家属。我们又想到凌和朱，崔参谋很悒痛地说："这次对你们陆军方面的两位同志真抱歉。"

冒着大雨回营区的时候我在胡思乱想：空军的生活像一团梦，军人的生活像一团梦，整个人生的生命又何尝不像一团梦！这时候钟的看法比我坚强，他说："他们不是每天都在这种机会里来去吗？这算什么！我们没有后悔，如果还有俯冲轰炸的机会我们还是要去。"

　　一到营区，凡是参加轰炸的人都受到申斥与责难。我和小钟所受的尤其空前，我又比小钟受得厉害。

　　我们在司令部的餐桌上谈着他们的生死，大家把他们生还的可能性渐次核减，后来的结论：只有百分之一的希望。但是怎么会两架飞机同时不回来呢？怎么敌人不广播呢？这是不可解的谜。

　　这团疑问到两个礼拜之后才得到解答：凌课长从昆明拍回了一个电报。他说：他们的轰炸是"功成机毁"，朱参谋一行被迫降落在怒江西岸的敌后，他跳伞降落在云南景东县境，跋涉才到昆明。最后，他说在候飞机再来印度。

　　五天之后他果然回来了。深夜，我们听他讲故事。他们两架飞机很平稳地飞到腊戍，根本就没有敌机的影子。到腊戍以北，看到公路上有敌人的卡车行驶，西格菲司点了一点头，就俯冲下去对着他们扫射，可以看到车子停了，引擎冒烟，两三个人从车上跳下来四散逃命。

　　他们又继续南飞，在腊戍北两英里找到了他们的目标。这桥是钢骨水泥造的，大概有二百码长。仔细一看，不只一座桥，旁边还有一座木制便桥。两架飞机就依次俯冲下去投弹，一直离地面只有四百英尺。每次投两个炸弹，在第一次投弹的时候，只炸中了钢桥一端靠桥础附近的岸边。第二次投弹的时候，感觉是炸中了，并且感觉得高射机关枪对着飞机直射（飞机大概就是这时候负伤的），西格菲司已经又把飞机拉起了。再旋一个圈，看到后面一架飞机正在俯冲，下面尘土烟硝和水花四溅，钢桥已经炸得不知去向了。第三次他们结束了木制便桥。但是，不幸的是，他们每次旋回和俯冲都在同一的空间，所以给高射部队算中了，两架飞机都负了伤，飞机上的人并不知道。他们又在敌人的一座司令部内外扫射了一顿（西格菲司每次回家总剩不了什么弹药）才开始向印度回航。

向西北飞了十分钟，朱参谋那架飞机飞不动了。西格菲司绕了一个圈回去，知道他们飞机受了伤，就发信号给他们，并且决定不回印度去了，折转东面向云南境内飞。那架飞机居然也跟上来了，没有五分钟，又落伍掉在后面。西格菲司再回去，他们大吃一惊！落伍的飞机已经在一块林空上强迫降落了。这时候没有办法，只好低飞向树林里扫射了一阵，掩护他们着陆。暮色苍茫里，看到他们几个人跑出飞机，匆匆向林内藏匿。这时候西格菲司的汽油也不多，天又快黑了，只好单机向云南飞去。

过了怒江，他们的飞机也发生故障，螺旋桨轴沙沙作响，汽油不够了，飞机场还不知道在那里，最后决定跳伞。在黑夜里，西格菲司将飞机旋回着，使跳伞后彼此的距离在一个圆周上，不敢彼此太远。射击士首先跳，飞机上有这种紧急门板，拔开的时候连门带梯子都一块掉下去，但是那天拔开了门还不掉，射击士就站在门上一跳，连人带门掉在无边的黑暗里去了。

现在轮到凌课长跳，他叙述当天的情景时，特别指着我说："哼，你还要我不去，让你去，恐怕你去了也要大伤脑筋。"

他鼓起满腔勇气才跳出去，按照规定默数了四记才拉伞，在半空里荡了几分钟秋千，口里的水突涌出来，看到下面一片漆黑，疏疏落落的几点灯火，还不知道是否敌境，又不知道地面情形如何，不觉得心头冷战。他晕过去了，不知道什么时候，"扑通"倒在大地上。他腰部负伤，幸亏不重，当晚裹着降落伞在山上睡了一夜；第二天在山上乱跑了一天，到日暮才知道到了云南景东县。又经过一天才被村民带到一个小村落，三四天后，西格菲司、张副队长和几个军士也都一个个被引到那里。大家都是第一次跳伞，差不多都是很轻的跌伤。飞机也掉在附近山上，烧得剩不了几块废铁。

他说：朱参谋不久也要跑回来的。

朱参谋也跑回来了，他的精神特别好，带回来的是腰部一支左轮，和一股眉飞色舞的神气活现。

叙述炸桥的时候，他们埋怨西格菲司。他学着他同学讲的："西格菲司不知道厉害，一出任务，到了目标上空就舍不得回来。"不过在投弹扫射的时候，他们并没有这样感觉，只认为很好玩。就在那几分钟内，他们的飞机吃了亏，自己还不知道。所以他们又继续扫射了好久，还打算向印度飞。

飞到腊戍西北二三十英里的地方，左引擎的滑油管漏油，尾座枪手爬到前面通知他们，他们已经知道了，这下子唯一的办法是关闭左引擎，因为继续再飞下去，飞机会着火燃烧。这时候因为操纵得很好，飞机还很平稳，所不幸的，因为马力打了一个对折，飞机不能升高，而前面正是几千英尺的高山。

他们开始丢东西，没有用完的枪弹炮弹，都丢下去了，无线电机也拆下破坏甩掉了，还是徒然，他们减少的重量有限，而飞机机械能力的损失太大。

西格菲司飞回来，作信号叫同向中国方向飞，他们也希望折向东飞之后，或许山要比较低一点；但是，不行，还是一座高山横挡着去路，他们的飞机又掉下几百英尺，于是他们才决心强迫降落，地点在新维贵街附近滇缅路以西的一片空旷地内。

刚一掉下来，差不多每个人的头部，尤其牙齿和下巴都碰得流血。四面八方，也不知道是敌军还是土民，一大堆人呼啸着抢上来，而他们只有一支手枪。幸亏西格菲司在上面一扫射，这些人逃的逃，躲的躲，才给他们一个出险的机会。

他们扯开了降落伞，里面有一块巧克力糖、几把刀、钓鱼钩和绳子，绸制缅甸地图以及特种地形的求生须知的小册子（里面有怎样辨别花果的毒性，以及如何捕捉和烧烤猴子的方法）。从那天薄暮起，他们开始昼伏夜行。看地图上，只要走两天就可以过怒江（但是他们走了一个星期），所以他们决定安分守己地各人咬着降落伞内特别为遇险设备的巧克力糖，不打算再麻烦缅甸土人，也免得人家再给他们麻烦。

那几天晚上都下雨，他们没有睡什么觉，也没有穿过干衣服。逢着有人住的地方就绕过去，遇着人的行踪就躲起来。走了两天，才脱离了人烟稠密的地区。

那一带有很多树林与荒山，他们拿着那本求生须知，上面画着有毒无毒的野果，但是他们连一个有毒的果子也采不到，一只鸟、一个猴子也没有，钓鱼吗？他们只过了一道河，河上滩流湍急，没有淹死已算万幸，再不敢打旁的主意了。

到第四天，他们实在饿得忍不住了，跑到荒山上一个独立的茅棚子里面去行劫。但是结果又只有使他们失望：里面只有一个老头子，连话都不会讲，什么都没有，他们只好把老家伙绑在柱上又逃。

到当天黄昏，他们潜伏在路旁茅草堆附近，准备猎取过路人的食品。看着一个人穿着青衣青裤走过来，他们准备掏出手枪，看着对方没有敌意，才把枪放下。但是真奇怪！这是一位云南人！他们马上跑上去，四面围着他，自称是游击队来打日本人的，现在钱很多，但是要弄一顿饭吃，当时就给了这位同胞五十个卢比，并且要他把饭送到河边树下。——他们指定了一棵树。

那一点钟等得真心焦，肚子饿得发慌了，饮食的诱惑使他们不能不等着。万一这位"同胞"出卖他们（缅北这一带很多民族杂处，很多人会说一点云南话），岂不是自投罗网？是他们太饿了，只好拿性命和这同胞的信用作一孤注的赌博。

赌博是胜利了，赢得的是一盆饭、一碗肉丝炒豆芽、一碟臭豆腐。他们马上狼吞虎咽，黑暗中，六个人用手在碗碟里乱抓，掉在地上就连泥灰也吃掉了。我们的云南同胞在旁边看，他从来没有瞧到如此吃饭的人！

这位同胞说出几句话才使他们惊心动魄。他说：现在附近村子里都很忙；日本人要他们捉六个人。

朱参谋马上问："怎么要找六个人？"

"早天掉下来一把飞机，六个骑飞机的人。"

飞机的单位用"把"，坐飞机的动词用"骑"，已经是闻所未闻。他们再瞧瞧自己，刚刚六个，每个人都穿着飞行皮夹克，不觉忍住了笑。朱参谋又问：

"那把飞机已经掉下来了，要捉这几个骑飞机的人不是很容易吗？"

答复还是令人可笑，但是态度仍旧很诚恳："那六个骑飞机的人一下来，另外来一把飞机打机关枪，后来又把他们接上天去了。日本人不信，还是要捉。他们说：中国飞机还要来，现在每家人出两个人，抬木头去堵住那块空坪。"

现在我们猜想：朱和他们着陆的时候，土人已经看清楚六个人。后来西格菲司一扫射，土人跑散了，再去看：一把飞机还在，六个骑飞机的人已不知去向，所以说是给飞机带跑了。

至于日本人，对于我们空运部队的防备太敏锐了，他们在铁道走廊、在密芝那吃过两次亏，恐怕我们又在侦察敌后着陆的场所。后来空中照像证明：他们把朱参谋一行着陆的地方用木头堵着。后来情报又说，敌人在那边派了一千多兵守备。我们觉得这样不坏，所以朱参谋的故事，到今天才能揭露。

当时他们对于这位同胞天乎天乎的谈话，实在令人如在梦寐。但是这位同胞脑筋简单吗？不，他后来和几位同伴用了很多计谋，如声东击西等等，带着我们六位骑飞机的官兵通过日军三道步哨线，到怒江边上。

他们骑（又是骑！）独木舟渡过怒江，徒步到镇康县，一路有游击队协助。

一到昆明，朱说："手枪真有用！"他想法子弄到一支左轮，现在挂在腰上。

起先，他们以为西格菲司他们一定会安然飞返，并且可以把他们强迫降落的情形先告诉家里的人，后来知道西格菲司自己也跳伞，大家不觉大笑。

我说："当初我只差一点，要是我去参加俯冲轰炸，岂不是也可以回国一转？"

小钟说："你这个人讲话真不应该。他们失踪，你说你幸而没有去；他们遇到好玩的事，你又……"

我承认我的想法有些不对，但是，许多机缘在我身后打转，一念之差就有这么大的出入，我不能对着这些微妙的机遇没有好坏两种幻想。我说：我的空想以我自己为单位，没有交错着旁人的利害。我现在还是想："假使凌课长让我……假使朱参谋的座位给我先得到消息……"

我们的副参谋长集合大家说："我们佩服他们的勇敢，但是不能再提倡……"

8月14日的故事已经就此完了，不过，以后每年空军节我们不会忘记这幕喜剧。

民国三十四年二月二十一日补记

我所知道的八莫攻城战

八莫的攻城战，于 11 月 17 日开始，到今天 12 月 15 日敌军全部被击灭为止，共费时二十八天。

像八莫这样的地方，能够困守到一个月，我们不能不承认敌军的顽强。但是，到今天战役结束，我们，哪怕就是敌人自己，也不得不承认这种顽强事实上是一种浪费。如果密芝那之役敌军还有一部分消极性的成就，则八莫之役连这种成就都没有。到现在，许多事实可以宣布了，我们一切根据事实。

首先我们说敌军的防御兵力：敌人的兵力是一个搜索联队（等于骑兵团，较步兵联队为小）、一个步兵大队、两个炮兵中队和其他后勤部队、零星部队。全部兵员据最低度、最保守的估计，在一千五百名以上。敌人在这座小城市构筑工事，远在密芝那战役刚发动时；这中间虽然经过四个月的雨季，但是雨季限制了敌军，也限制了我地面部队和空军的活动。因此，敌人在过去这一段时间里，对我们可以没有顾虑，得专心一志于防御部署。

八莫这地方处在太平江和伊洛瓦底江的汇合处，地势特别低。城北和城东南，有两处三百码宽的泥沼，其他较小的泥沼和洼地遍处都是。街道沿江发展；此外还有几条马路，简单而开朗，房屋的稀少疏散，有如密芝那。

因为地形这么古怪，所以一座市区好像三个圆圈各以一部分相切。这是八莫守军的东北三个据点。外面围攻的部队为弧形所限，战线不能连缀；但是守军既能独立作战，又能够以核心为联络的枢纽，况且有很多好的建筑，正好给他们利用。如城北的监狱、宪兵营房和旧炮台，城东的海关以及城东南的医院。这些建筑物，已经在中央社的电讯里和各位混熟了，相信每一位读者玩味一下这建筑物的名称，就知道了它们的强度，也了解了他们对于攻城战的意义。

这样一只铁菱角，再加上飞机场和其他附廓据点，一共横宽三千码，纵长五千码，这就是三十日来剧战之处。

在最初一星期内，我们剥着菱角的外皮，那时候展开的兵力比较小（一直到今天占领八莫，新三十八师并没有展开全师兵力），使用的炮兵只有山炮和轻迫击炮。一部分步兵缺乏弹药，11 月 17 日和 18 日夜，因为弹药不够，被逼每夜和敌人以刺刀格斗几次。纵然如此，各队还是能按照计划前进；起先进展最快的是东南角，次之是北面，不久都相继逼近敌人的阵地。我们最可欣幸的是我们部队有进无退的精神，他们一前进，敌人乘着占领未确实的时候反攻，最初炮击，次之战车冲击，然后步兵近接。但是敌人没有一次逆袭成功过。到第二星期除了残存据点之外，战线胶着在菱角的弧线上了。

那时候郑副总指挥和孙军长几乎每天都坐联络机到前方督战，李师长和葛副师长经常巡视第一线，所有的攻击部署都经过缜密的考虑。因为根据密芝那的经验，敌人准备自杀防御而企图拖着我们一同下水，硬拼下去，双方的损害都重。所以决定尽量加强火力，避免伤亡，而不计较时间。争取时间，另由六十六团六十五团两部队负责，他们衔命相继南下，而八莫攻城战的炮火，也在主阵地南移之后愈趋猛烈了。

从 11 月底到 12 月 1 日、2 日，攻城部队都在步炮空协同之下每日推进一二百码。P47 式机俯冲投弹，很能达到地面部队的要求。

一位少尉排长叙述步兵第一线景况时说："我们看到飞机飞得这么低，炸弹投得这么近，只恐怕弹着偏差，看看快要炸着我们自己人了。但是等到机头拉起，硝土充塞空间的时候，才知道我们的担忧是多余，想象以为投弹太近，而实际正好。"

山炮和轻重迫击炮的直接支援，也非常令人满意。有一次攻击准备射击的时候，因为彼此步兵线相隔只有五十码，我们步兵就在炮击之前稍稍向后移动。重机关枪队有一只零件箱忘记带下来，等到再攻击上去的时候，发觉已被自己的炮弹破片划了一个大洞。这可以看到步兵线的近接，和炮火控制的恰到好处。

敌人仍旧抄袭密芝那的战法：尽量地藏在地下，不到十分有利的条件下不露面，不到五十码之内决不射击、不扫清射界。炮兵奇袭射击，夜间步兵向我反扑。

敌人的工事非常隐蔽，火力控制得非常好；有时候一个敌兵有几个掩蔽部，在这个掩蔽部射击几发，再借交通壕跑到另一个掩蔽部。我们步兵务必十分机警，因为灌木很多，假如被敌人吸引，鲁莽向一面前进，就有在侧背遇伏的危险。例如在中国公墓附近，敌人的掩蔽部与坟堆相错综，不在最近距离，不能判别。我们的步兵虽然借炮火掩护通过敌火压制区域，但是残存的敌兵依然不退，我第一线步兵只能绕路通过，让扫荡队去肃清他们。最后几乎在每一个掩蔽部内塞进一个手榴弹才使战斗结束。我曾经看到好几个被手榴弹炸死的敌兵尸体，死后还在掩蔽部蹲着作卧射状，头部聚满了苍蝇，啊，那景象真可怕。

敌人的工事很坚固，但是障碍物并不如理想的强，或者是因为缺乏物资的缘故。在城东通公路一带的工事，掩蔽部里还有很好的土床和挂武器、水壶等的小钉，可见一切准备得周到。据说最坚强的工事在城北，有一部分工事以八九层大树作掩盖，事实上是一座地下堡垒，有些工事里面装有水管，毋须出外取汲饮水，但是我还没有机会去参观过。

在这样的工事区域内，我们确实发射了相当多量的炮弹，也投下了相当多量的炸弹；但是决不因为消耗了这堆军火，就埋没了步兵勇士的功绩。他们仍旧表现了惊人的勇敢；我用"惊人"两个字还不够形容他们，他们有些动作，简直冒失得令人难以相信，凡是参观他们战斗的人都有此感。最可贵的这些勇敢、冒失，与炮空轰击非常协调，所以这两周的战斗，进展似乎很慢，而敌人的兵力，就在此两周内消耗。我们的动作是协调而统一的，因此死伤非常小。

到第四周，重炮用上了，对于残敌更加上一层威胁，不仅敌人血肉之躯，就连堆藏在地上的粮弹都给破坏了。于是敌人战意全消，于今日午前开始集结最后几百人由北沿江向南，企图冲开一条血路向南逃窜，但是大多数已成为我机关枪队的有利目标，尤以城南沙滩附近，伏尸最多。

敌人战略上的目的没有达成：根据敌件，敌人有意迟滞我军行动达三个月，我新三十八师以二十八天的日子把八莫拿下了。对我全军说，八莫的阻遏只迟滞我军行进四天，我旁的部队早在八莫之南四十一五十英里的地方接触了。

敌人的战术尤其失败：战斗方式不是可以抄袭的，有一个密芝那不会再有第二个密芝那。根据现在不全的数字，今天我们在城内掳获各式火炮八门、战车七辆；敌人曾经希望用这些本钱给我们相当的损害。现在我们损害的数字没有公布。但是据我们所知道的：全部攻城战二十八日，我们战殁的人员不过两百左右。如果敌人的战斗指导高明一点，不形成"小敌之坚，大敌之擒"，我们可能还要吃亏得大一点。

以上不过是我所知道的一部分事实，但是这已经很够了。基于这几点，各位对于尔后打通滇缅路以及全面反攻，一定有一个明确而充满希望的观感。

十二月十五日

"这种敌人"

一

那天，我去访问陈鸣人团长。

陈团长正在第三营曾营长的指挥所内打电话。

这指挥所距火线差不多一英里，虽然摆在干沟里面，但是地土干燥，光线明朗；附近有许多圆叶树，中间也夹杂着一束束的竹林。

敌人的炮兵还在胡闹，有两发炮弹在公路左侧爆炸，尘土飞扬，桥壅里崩下来一片碎土。陈团长说："你看，敌人的炮兵还这样的自在，你们重炮快制压他们！"

炮兵指挥组的一位官长问："自动炮架上的火炮你希望怎样使用呢，团长？"

曾营长建议：沿着公路两侧横宽两百码纵长三百码的地区来一个面积射；于是，关于炮兵火力就是这样决定了。

这时候担任炮空联络的 MAJ TABER 也搬到第三营的位置，TABER 是一位很年轻、很年轻的军官，脸上一点皱纹也没有，牙齿白皙得可爱，笑容常常露在面上。他搬来的通信器材，倒有一大堆：通各炮阵地的有线电话都是专机专线；还有一架无线电机，专门和炮兵、飞机联络。我们看不到飞机，但是听到树顶上的引擎响，它正在敌阵上空画 8 字。

一切环境是这么热闹：就在不讲话的时候，空中的电波也跑到无线电耳机里面，发出一阵阵沙沙声。并且敌人的几门炮，还在摇头摆尾地射击，有几发炮弹落到步兵第一线。

我们知道陈团长很高兴。他说："啊，今天炮兵倒非常卖力气，这样合作，倒是我作战以来的第一次——这种敌人，只要两翼一迂回，正面加压力……"但是曾营长接着第九连的电话，报告步兵的准备好了，只要等炮击完了就可以开始攻击，团长不由得看看左腕上的手表："喂，你们要快一点，一点只差五分了，到一点半之前我们要完成攻击准备射击。"

TABER 还是笑着，一面加紧工作，为了补助空中观测的不足，他要求步兵炮的观测员帮助他们："假使你们把敌人炮位的概要位置——最好是一两百码以内的位置告诉我们，则飞机上的人员比较有把握一点——而且要快一点。"

他的要求马上被接受了，曾营长打电话问前进观测所。

前进观测所和空中观测的结论一样：敌人的炮位在 81.2—84.7，TABER 把红图钉钉在这一点坐标上，随即通知炮阵地。经过试射以后，地面和空中所报告的误差数还是很接近。指挥所里的人很高兴，认为今天敌人一定要倒霉。陈团长正在脱身上的毛背心，也不由地说："这样看来，我们的观测员还不错呀，别瞧他小孩子……"

二

效力射开始以后，曾营长到第一线去指挥。

缅北的晴意正浓，太阳晒得钢盔发烫，一阵热风，夹着灰沙吹在面上。我们经过一个小曲折，下坡，又循着公路上坡，一座三合土的桥梁被敌人爆破了，我们从左侧小沟里绕过去；附近有一匹死马的尸体，这一带有一阵怪臭，许多苍蝇遇着有人经过的时候，扑着翅膀逃散，发出一片嗡嗡的声音，怪臭随着声音更浓厚了。

我们的炮兵阵地发了狂，各式炮弹像蝗虫样地飞满天空，这时候敌人的阵地成了维苏威火山。但是敌人的炮弹也还继续不断地落在我们步兵第一线。

在这段弹道下走着并不很坏，许多灌木欣欣向荣，对着遍处烟硝，大有不在乎之感；这边一片空旷地，那边一座村落。回想去年这时候，我们还挤在大莱河畔的原始森林里，一片郁郁雍雍展不开；可是今天，我们已经能在这柏油路上来去。一年了，这一年看来很短，但是事实上也很长，光说沿着公路五百多英里，哪一段不是沾染着鲜血？公路左边一块水泥的字碑：

"腊戌——二十四哩；贵街——二十六哩"

曾营长指着道标，很高兴地说："到腊戌还有二十四哩。"

我知道他由拉家苏山地转战到这里，看到这样的标志，自然会充迈着满腔慰快。可是，敌人如果沿着公路抵抗，我们在这二十四英里之内还免不了奋力一战，结果免不了还有几个人要在这里死伤。也许报纸上只有一两行很简短的电讯很轻描淡写地叙述一下；而他们……？我想："他们"现在都还活着，都还以一股热忱向这二十四英里迈进，并且，脑子里连这样不纯净的观念也没有……我再想：我一定要去看看"他们"。

传令兵打断了我的胡思乱想，他将我们引进左边树下，"就在这里。"里面是第九连吕连长（他是第三营副营长兼代连长）的指挥所，隔火线还有一百多码。吕连长在向我们招呼："快点进来，刚才炮弹破片还掉在这附近。"进去之后，我发觉他们的工事没有掩盖，仔细一看，根本不是工事，不知道从前谁在这里掘开的一条深沟。这深沟里面蹲满了人，连第八连的潘连长也在内。

三

敌人的速射炮沿着公路来一个梯次射，我们坐在背包，躺靠着土沟的斜壁上听着炮弹一声声爆炸。

曾营长给第八连一个任务：从现地出发，沿着山麓，绕公路以东，截断八六线上的交通。潘连长用手指在地图上按一线痕："就在这座小桥边，是不是？"

"对了，你们要注意公路南北的敌人同时向你们反扑。——可能的时候你们就破坏敌人的炮兵阵地。——你打算如何去法？"

潘连长的答复是非常肯定的："先去一排，主力保持四百码的距离。等那排人到公路上站稳之后其余的再上去。"

"那很好。到达之后，你派人回来引路，我给你们送弹药上来。——你们多带六〇炮弹和机枪弹。你还要什么不？"

"不要了。"一说完了潘连长就带着他的传令兵走了。

深沟里面，大家屏息着听第九连火线排的进展。二十分钟的炮击已经完了，马上步兵的近接战就要开始。

好，步兵接触了，首先打破静寂的是敌人的一座重机关枪，这家伙颇颇颇颇地连放了二十发，然后接着是两颗枪榴弹爆炸，我们还躺在沟壁上，我们想象步兵班隔敌人最多不过两百码，我们的机关枪也在还击了，好家伙，他们每次只射击两发，相信今天的战斗虽不激烈，一定艰苦。

这时候火线排由胡国钧排长率领着，胡排长负伤刚出院两天，抱着复仇泄恨的心情，指挥着他这一排人向那沙村突进。那沙村没有几间房子，但是这一段公路开阔得很，正前方有一座高地瞰制着公路。他们只好折转向左边灌木丛里前进；不料敌人也非常狡猾，他们把灌木丛的中心区烧完了，只剩着一座圆周，一到他们进入圆周里面就开始射击，侧防机关枪非常厉害。

我跑出指挥所，卧倒在棱线附近，希望看到开阔地里的战斗。正前方那座高地被破片和爆烟笼罩着，我觉得我替他命的名字不坏，虽然烟硝泥土对着晴光，色调不很鲜明，可是很像画片里的维苏威。左面被前面另一条棱线遮住了，只能大概判别灌木丛的位置，那边机关枪的旋律加快，还夹杂着几发三八式的步枪。看不到一个战斗兵，只有钢盔对着阳光一闪的时候，可以看到几个人在运动——那是几个不怕死的弹药手。

回到连部，我们接到胡排长的报告：敌人的侧防机关枪非常厉害，列兵王永泰阵亡，姚太周负伤，第六班的班长曾斌负伤，他们还要六〇迫击炮弹，吕连长派人送上去了。

为什么敌人这样顽强？前面枪声又加紧，颇颇颇颇一阵才放松。我们的炮兵第二度猛烈射击，敌人的速射炮也加速还击，这种速射炮火声音和爆炸音连在一起，中间只有一段"呼——"，一段很短的弹头波，听起来有如"空一哼！"我们的弟兄们都称之为空哼炮，我们的连部已经在空哼炮的弹巢里了。

吕连长刚打电话要两副担架上来，前面报告炮兵观测所又有一位弟兄负伤，送弹药的弟兄说，他连左踝脚骨后面一块都打掉了。并且混乱之间偏偏多事：一位轻伤的弟兄自己下来，在小树林里面迷了路，半天也不见下来；还有卫生队自己也有一位弟兄在后面公路上负伤。

四

等到姚太周和曾斌下来的时候，已经是 3 点 10 分。他们在前面等担架等了很久，但是旁的人比他们伤还重，担架都忙着，他们只好由送弹药的弟兄扶着到连部。

曾斌一进来嘴里就哼，他看着王永泰倒下去，他想把那支步枪捡回来，枪是捡回来了，但是他的左手掌也被敌弹打穿，红腥腥的一团血肉模糊，上面虽然用绷带绑着，血仍旧透过绷带掉在地上。一位弟兄帮他撕开重新敷一层止血粉，我走上去绑紧他的手腕，我觉得替"他们"尽了一点力，心里有说不出的快慰，但是他哭嚷着要水喝，我们不能给他喝，吕连长把他的水壶拿过去了："你要喝等开刀以后才能喝。"

姚太周的伤也相当重，一颗子弹在腰部以上由右向左打一个对穿。他没有哼，脸色也还保持着红润，人家把他垫着俯卧下去的时候，他痛得用力紧闭着他的眼睛，闭着了又慢慢打开，一连闭了好几次；他额上的筋在颤动，到底担架再来了一次，把他们都接下去了。

胡排长的报告：敌人跑出工事向我们反扑，被我们打倒了好几个，前面冲锋枪在连放。

右翼搜兵的报告：绕着右边山地走，过五道水沟可以绕到村子里，但是村子里敌人多得很，敌人的战车已经发动了。

敌人还要来一次反扑？大家觉得很奇怪，但是没有一个人激动。曾营长叫第九连在现在的到达线赶紧构筑工事，打电话叫第七连抽一排人上来，并且亲自到公路上去配备火箭。

我跟着他到公路上，曾营长说：他的火箭排有三架战车的纪录，所以我们对于敌人破烂装甲兵，实在有充分的自信。最引人发笑的是：火箭排的班长一面揣着枪身进入阵地，一面还回过头来和连部的一个传令兵讨论交易，传令兵要班长买他的手表，他要二百五十盾，但是火箭排的班长只肯出五盾……

到4点左右，敌人的战车还没有上来，我们相信不会来了。一方面快要入暮，曾营长准备要部队停止攻击，候第八连的迂回奏效以后再干，我们同回到营指挥所，在隐蔽处对着灰风饱餐了一顿。只有陈团长始终乐观，他再和山上迂回的部队通了一次无线电话，知道各队的进展顺利，他还是坚持着那套理论："对付这种敌人，只要两翼迂回，正面加压力，敌人没有不退的，恐怕今晚敌人还要反扑，但是明天早上就准退……今天 MAJ TABER 在这里也很着急，他弄了半天，敌人的炮还在射击，他觉得很难为情。"不过 TABER 回去的时候陈团长还是很谦逊地向他致谢："今天你们炮兵已经尽了最大的努力，我很感谢，只是步兵太惭愧了，进展很少……"TABER 也笑着："团长，我们明天再干。"

5 点左右，坏消息来了：第八连潘连长的迂回部队和敌人的迂回部队遭遇，还伤了两个人，看样子敌人的企图还很积极。这时候大家兴奋的心上不免投上一重暗影，一位悲观的军官在自言自语："我晓得我们团里一定也要碰一次硬钉子，一定也要碰一次硬钉子，敌人一天打了四百多发炮弹，又是战车，还来迂回……"

五

第二天一早，我们开着指挥车再去拜访陈团长。

一到昨天的指挥所，使我们大吃一惊，团长和营长都不在，营部副官正在督促着兵夫收拾家具，有两部车子已经驶向前面，我记着车子是不准再向前去的。

这时候副官已经看透了我的惊讶，他跑过来和我打招呼，他说："团长在前面，敌人已经退了。"

我简直不相信我的耳朵，我记着敌人还在迂回……

"前进了好远呢？"

"部队到了二十一哩的地方，还没有和敌人接触……"

我把车子驶到前面断桥的位置，果然，工兵队正在修筑破桥。下去步行了一段，在前面三百码的位置遇到了团长。我才知道昨晚和潘连长接触的是敌人的一个小队，潘连长带着后面的两排旋回展开，敌人都跑了。公路正面的敌人也稍稍费了一点气力，曾营长在清晨三点钟发动拂晓攻击，敌人才狼狈后退。我又知道左右各部队都有进展，团长的结论："这种敌人，只要两翼一迂回，正面加压力……"他并且又解释：情况混乱危险的时候，往往也是打开局面的时候，所以他始终自信。

我们跟着部队后面前进，前面一连四座桥，都给敌人爆破了，柏油路上，有两处埋着一排排的地雷（已经给搜索队挖出来了），还有一座桥下扔着三个地雷，连装雷的木匣还在，再前进一段，看到无处不是我们炮弹破片，有大得像酒瓶的和小得像戒指上的钻石的；有一片竹林，打得倒在一堆；在一处芦草边，就发现了四具尸体。陈团长说："这样炮击他们到底也吃不消……"

在半路上我们遇到 MAJ TABER，团长告诉他：部队已经推进了，要他们炮兵阵地推进到那沙村附近吧，现在我们还没有射击目标，部队还在行进；但是，在午后 3 时以前，你们空军在八○线以南能找到什么目标，比如敌人的炮兵进入阵地，你们尽管射击。

沿途各部队都在前进，通信兵连电话线都不够了，后面一个兵推着两卷线向前跑。

在芒里附近我们找到了曾营长，他领我们看敌人的炮阵地，四门山炮阵地附近都有弹痕，我们相信敌人的处境实在不堪设想。但是在一个掩蔽部内就有四十几发弹药筒，怪不得那天我们感到敌人的炮兵太猖狂了。

团长要曾营长先占领了那座瞰制公路的高山，免得被敌人利用。曾营长说："我已经派第七连去搜索了，第九连我还是要他前进，到发现敌人为止。"

六

在我写完这几行的时候，陈团长的部队已经通过十五英里的路碑了，我想明天再去看看他。但是我一想到"这种敌人——"，他那样充满着自信的语气，不觉得引起心头微笑。

民国三十四年三月一日

老腊戌和新腊戌

老腊戌和新腊戌

3月5日，陈团长的部队都到达了南姚河北岸。

这一星期来，我跟着他团里，看到他们攻那黑村，摧破了敌人的抵抗。潘以礼连长率领五六十个弟兄攻温太高地，把据守三九六三山头的敌人全部消灭；曾长云营长率全营主力通过三二六九隘路。并且瞧到他们官长阵亡，弟兄负伤。现在困难地形都通了，马上要进入开阔地，心中实在不胜快慰。站在滇缅路八里道标附近，新腊戌的一瓦一石，历历可数；敌我相隔仅仅一道二十码宽的南姚河。

从航空照像上看，新腊戌在山上，老腊戌在山麓的东北，相去只一英里半。火车站在老腊戌的正西，这三点正好成一个等边三角形，相互间都有公路连缀。

从现地上看：正对着南姚河，老腊戌在左，火车站在右。当中六千码的一线平原，上面长满了灌木林。更左和更右，都是一座座荒山。地形相当复杂，但是开阔而不暴露，正是运动战理想的战场，尤其适合使用战车。战车群奉命在丛草地施行广正面的搜索，附带侦察一两处渡河点，他们已经带着装甲开山机去履行这项任务去了。

到午后 3 点左右，陈团长的两翼都在河北岸构筑工事，沿公路进展的正面隔河也只三百码。火箭排的陈排长已经耐不住了。他自言自语："管他，今天晚上我硬要一个人摸到腊戌街上玩玩。"大家听着都笑。

但是陈团长主张比较慎重，他认为，腊戌战略的价值虽然已经减低，但是敌人纵不像八莫和密芝那样顽抗，也不会一干二净地轻轻放手，尤其在这种地形，没有严密的部署，最容易出事。所以，他召集干部会议，把当天的任务区分完毕，自己就坐着联络机在敌阵上空飞旋，差不多整个下午的时间都花在飞机上。

4 时 10 分，正面陈新工连也已经由连派出排哨，排哨将抵抗线构筑在前面，并且把监视哨的位置伸张，伸张到河岸上。

那时候我正和曾营长在公路上慢慢走着，一路上他都有事情：山炮连的观测员问他阵地应当构筑在哪里？通过预备队的位置，他问右面的村庄搜索过没有？在一株大树下面，他发现了二三十个背包，那都是轻装排遗留在那里的。再前进一段，他拦住了送六〇炮弹的指挥车，叫他送完炮弹再把树下的背包送到前面去……忽然他又伸出表来一看："啊，4 点 20 分，应当和第八连联络了！"我们坐在树下，通信兵将无线电话机打开，呼唤了一阵，耳机里传出来潘连长的声音。

潘连长的声音说：他已经到了河曲部，正在侦察渡河点，对岸山上有敌人，兵力还不清楚，末了，他要求再送点迫击炮弹去……

曾放下了耳机，对我说："你看，我就是这点困难，车子上面一天只发一加仑油，拖两趟就没有了，现在第八连要绕这么大一个圈子去，还不能走车子，营部只配属了这几个输送兵，要送给养送弹药……"

我很深切了解他的麻烦，他们每天三点四点钟爬起来，到深夜随便哪里一躺，当部队长的，入夜还睡不着，有时候整个一晚都张开耳朵听炮战。但是他也有他的痛快，比如说：这段路早上我们来的时候还弯着腰，握着枪一步一摸索，到现在就可伸着腰大胆地走，到明天或者他就要进腊戍……

4点50分左右，我们到达陈连长位置。

他的部队都已经配置好了，他自己就准备睡在公路旁边的干沟里面。他告诉我们：刚才敌人向我们射击三发速射炮弹。因为这一向缅北常发旋风，我们听爆炸音往往不能辨别敌人到底使用哪一种兵器。今天中午爆炸了两次，步兵说是枪榴弹，战车部队说是战防炮，而炮兵则认为是重炮，可是这一次正前方陈连长听清楚了，敌人使用的是速射炮。这次三发炮弹都在空地爆炸，我们没有一个人负伤。

我们没有带传令兵，曾营长、陈连长还有平射炮连一位排长，继续向前行进，到南姚河岸去侦察敌阵地。

自从缅北战开始以来，能够这样便于展望的地形，倒是第一次。这时候已经暮色苍茫，路两边芦草被晚风吹得哗哗响，刚才还看到芦草边钢盔一动，走出排哨线之后，越显得冷寂。敌人的炮含默着，我们的各炮也正忙着进入阵地。但是我看到这些芦草就感觉得心悸，风吹草响更令人慌，——因为密芝那一役的经验在我脑子里作怪。

再前面是一处隘路，公路在这里凿开山腹，路旁摆着一架辘轴，我去看辘轴去了。曾营长喊："哈！小心一点走，要看路上咯！"这时候他正在蹑着脚尖通过隘路，地上的土都挖松了，我再仔细看去，原来是一处地雷井，一个个雷帽在他脚下发着澄澄的黄光。

战防炮队长数着八个，我在右边山壁下又发现了两个，可是曾营长指着柏油路与土地之间，说那边还有两个，一共是十二个，摆成两排。我们都选柏油路面上，敷雷痕迹显明的地方跨过去。

陈连长说他的监视哨就配备在两边山上。这一下子我们通过了他们最前面的任何一个战斗兵，进入了"无人地"。公路上实在不能再走了，我们折转插入路左的芦草里。丛草并不能给我们遮蔽，很多地方已经烧光了，有些地方还有余烬未熄，发散着一缕缕的蓝烟。又再前进了三十码，才到达河岸。

我们散开，各人躺在棱线上有遮蔽的地方瞪着眼睛展望，眼前是一幅不容易看到的图画：

这图画的背景是一片灰蓝，都笼在晚烟里。正前方有几座小山，好像一架架小屏风，使我们看不到市区，但是芦草起伏处有很多铅皮房子，有几团烟还在向上升。近一点，一条横堤，那是向滚弄方面延伸的铁路。再近一点，可以看到被爆破的钢架桥，桥础都不完全了。河宽五十码，但是现在水浅了，河幅只有二十几码，水还齐胸深，河床很低。

我卧在一株树下，树叶已经枯了，上面不时掉干树枝下来。南姚河的河水流得那么平稳，四境死寂，天色渐渐入暮，晚风夹着寒意带在身上。我看不到曾营长他们，莫不是他们绕右边回去了？我感觉得有点惶恐。

一回头，他们都回来了，曾营长很高兴地说：

"哈，这下子给我们看到三个掩蔽部。"

我赶忙问："有一个在水泥桥脚那边直望过去，是不是？"

"还差不多，还差不多。"他们都答着点头。

敌我相隔只有两百码，一切看得清楚，敌人为什么不向我们射击？曾营长说我们的人数有限，他们不值得暴露自己的位置。陈连长说敌人还是射击，我们来之前他一个人也单独来过一次，回去的时候曾经给他们射击了三枪。

平射炮排长说要拖一门炮上来，趁黑夜把工事构筑好，明天一早先对那些掩蔽部开始炮击一阵。

我们再退回营部，半路遇到了团长亲自驶车来了，曾营长向他报告我们侦察的所见："正面的敌人兵力相当雄厚，正面渡河恐怕不容易。我看，还不如将主力由右边河曲部……"

"对了，我在这上面飞了半天，这边到处有工事，并且前面的芦草烧得干干净净。你明天就带吕德清和潘以礼两连人走右边去，正面只能摆陈新工一连人……"

团长的意思和营长的一样，于是，攻击部署就是这样决定了，他们再研究弹药和给养，重弹与烟幕弹……我没有仔细去听，我只知道入暮以后，左翼的第四连过去了一班人，战车群也开设渡河点成功。

第二天是 2 月 6 日，我到正午方有机会到他们团里去。

经过第八英里道标的时候，我听到我们炮兵阵地的齐放，看到腊戍区的烟火升高好几百尺。风季的飞沙塞着鼻子，一阵热气扑在面上，感觉得辣辛辛的，我自言自语："糟糕，只恐怕去迟了，好节目都看不到了。"

到团指挥所，那里面挤满了人，有孙军长和李师长、炮兵和战车指挥官，我不便去打扰他们，只在外面问了前面的概况，知道两翼都过了河，战车正在南岸协同作战，正面陈连长也渡过了一排，陈新工本人还在北岸，我就匆匆背着枪，去找陈连长。

果然，陈连长就在昨晚我们匍匐侦察敌人的棱线上，他正在打电话，但是不但不匍匐，而且高高地站着。他的传令兵看到我还蹲着，就轻轻地告诉我："不要紧了，对面那座高地已经给我们占领了。"

这时候我已站起来，下面的情形看得比昨天更清楚了，我才知道：南姚的河床比我们昨天看到的还要深，水也流得比我们理想要急，上面还有一架急造桥，这是敌人转让给我们的，昨天我们就根本没有看到。

前面山头确实给我们占领了，可以看到上面有少数的人。上面有两间房子，正在被烈火烧着，火焰在铅皮与砖墙之间一卷一卷，老腊戍的几间房子，还躺在芦草里而没有声息。右侧方有几座山，战斗非常激烈，炮弹和机枪堆砌在一处。在缅北，有这样好的地形给我们从容观战，这是第一次。

陈连长还在打电话，火箭排的陈耀排长向我招呼：

"哎呀，黄□□我今天几乎被打死了。"

"怎么搅的？"

他指着他的右腿，今天他穿着短裤，绑腿和皮靴都浸湿透了，右腿上裹着一个救急包，皮肤上又抹了很多碘酒，两个腿子的粗细不同，显然右腿肿了。但是他的回答还是幽默而短捷的，"枪榴弹破片。"

今天早上，他和第八连一同过河，渡河的时候敌人根本没有射击。我们搜兵走到敌人的掩蔽部前面他们还不射击，但是等到一个搜兵跳进敌人的交通壕里，他们突然开火。里边是一块耕作地，上面连一点遮盖也没有。敌人两面机关枪交叉，还打枪榴弹，他认为今天活不成了，心里越想越着急。他想下来拿火箭，跑回开阔地一半，就被破片打中了，他只好平躺在地上。"后来，幸亏他一个烟幕弹，救了我一条命。"他指着山炮连的观测员。

"最糟糕的，伤口在河里浸了两次，因为这边陈连长又要火箭，——这次是我第五次负伤，前后轻重负伤五次，都在本营里。"

叙述完了他又张开嘴笑。

战况继续进展，陈连长和陈排长都向南岸推进，我跟着他们去。

过了那道便桥老腊戌在望，首先看到的是道右一处加油站的痕迹，想不到三年以前的黄金口岸，如今这样冷落。再走两步，地上躺着两架印刷机的肢体。

道路左右还没有详细搜索过，现在第二排派遣的搜兵，正向两旁伸展，道路以右是丛草地，这些步兵勇士们上着明晃晃的刺刀，钻进丛草里去了。

愈向前面，几座着火的房子愈看得清楚，它们悬在山腹上，很不在乎地受着炮烙之刑。因为它们都是铅皮和砖墙，所以着火很久，并不崩溃。我们在山麓，也可以感觉得它们身上的热力。有一个弟兄跑到着火的房门口去，遇到里面一粒着火的子弹突然爆炸，又匆匆跑出来了。

陈排长还一面和我谈着午前的战况："这座山头，就在这山头上，起码有一中队的敌人，不知道这边敌人为什么这样慌张，我们把平射炮和迫击炮一掉，他们站起来就跑。他们说：好像密集队形刚下解散口令的一样，有很多人跑到后面山地里去了，但是迫击炮也打死他们不少……"

这时候左右两翼都经过搜索，陈连长决心先占领铁路和公路的交叉点，他的连部和一排人在这里，另外一排人沿着铁道线向西，另外一排人沿着公路线向南，都要他们先上去搜索一千码。这几位排长带着队伍走了以后，陈连长认为右面飞机场很空虚，他要陈排长把火箭配备在那一面，免得被战车逆袭。但是陈排长认为公路上也很重要，他们在讨论，陈排长说："连座，看你的意思怎么样，我只觉得这种地形，反正是防不胜防，到处都可以来战车。"

忽然，右面的枪声又突然加密，那是南岸的一个制高点，三七八六高地。我站高一点，看到迫击炮和山炮的爆烟都在山腹，只是正面对着阳光，看得不清楚。我心里有点着急，曾营长带着他的一营人都向那边去了，今天他们免不了一场苦战。他们要顺次序夺取那几座高地，才能到达车站。

再看正前方，公路上我们的搜索班沿着路两侧向市镇的心脏直去，没有人阻拦他们。再前进了两百码，也没有人阻拦他们，又再前进了十码，枪声突起。这些子弹并没有向他们瞄准，这是第二营的部队刚由山地下来，通过竹林，与老腊戍街上的敌人交战，刚好彼此的集束弹道横互着他们的去路，他们都卧倒了。

机关枪的火力非常凶猛，两方都有三四挺，都在连续放，我们的六〇迫击炮也夹在里面助威，声音就是"塔塔塔塔统！塔塔塔塔统……"有两颗流弹飞过我们头上，我卧倒了，但是陈连长和陈排长都站着。他们对于使用火箭，已经有一个满意的决定了。

他们火战持续了半点钟，到枪声突然停顿的时候，第一营占领了老腊戌。曾营长那边还在激战。于是陈团长毅然变更配备，他把原作预备队的第一营沿公路超过第二营去扩充战果，第三营留在原地作预备队，还向侧翼警戒，第七连沿着铁道向西南压迫，截断敌人的后路。这样，第三营的兵力比较集中，正面也比较小。

这计划成功。入晚，曾营长拿下了火车站，战车群并且追敌至新腊戌附近。

三月十一日

三月十三日至十六日《军声》

新腊戌之役

3月7日早上，我坐战车营赵营长的小指挥车到他们的宿营地。当时我并没有随同他们去作战的企图。

他们露营在南姚河的北岸。芦草丛里，纵横摆着几十部轻战车和中战车，炮塔上用红白漆料涂着狰狞面目，装甲上楷字大书"先锋""扫荡"和许多耀武扬威的字句，顶上天线杆挂着战旗。挑战的色彩多么浓厚！这几个月来，他们的战斗技术大有进步，而战斗精神越来越近乎"猖獗"了。

孙明学连长和我们握手。这位连长，一口长沙语调，一副红红的面孔。昨天下午，他还在老腊戌和新腊戌之间纵横驰突，入暮回来，马上督导官兵擦拭枪炮，检查机件，装填油料，整备弹药。昨天他自己的乘车被炮击，无线电天线杆被打掉了，也不知道他用什么方法继续指挥他的战车群作战。昨天晚上，他们全连官兵顶多不过在满天星月和寒风冷露的草地上一躺，现在，他们又准备今天的战斗了。

昨晚，他们有两部中战车被击伤：一〇一号的惰轮扁了，三十四号的支重轮被打掉了一个。两部车子上的人员都在步兵线外彻夜（因为天黑路远，没有其他方法）。现在他们派三部中战车上去，一面带给养和弹药给他们，一面支援他们，还准备待机出击。

我一看着炮塔上的枪炮就羡慕不已，于是我问孙说："我也去一个！"他说："好吧！"就叫一二八号的副驾驶手下来。这位副驾驶手，我真对他不起，他满不高兴地快快将无线电耳机和发声带交给我，一个人跑到草堆里去睡觉，我就拿着我的钢盔水壶和地图爬进副驾驶手座位。赵营长临时也想去一趟，他跑到十四号里面去了。

我们三部战车，十四号领先，十一号居中，我们在后面，排成一路纵队前进。沿途的灰土大得不得了，戴上防风眼镜还睁不开眼睛，许多灰粒跑到鼻孔里不仅使鼻管奇痒，还使喉管以上感到刺痛。我再把耳机挂上，声音倒很清楚，里面的声音说："十四号，十四号，我是十一号，我是十一号，你走错了，你走错了，你应当走右边上渡口，你应当走右边上渡口！"果然，我们绕到上游的渡河点时，绕得太多，后来在一处空地里倒了一个头才转回来。

马上有一个问题使我疑虑不已，他们的车子在右侧方摆了一个汽油桶，完全暴露在外面，要是给敌人一炮打中了，我们岂不是自备火葬的燃料？到渡河口附近我们车子熄了火，我问驾驶手左伯春灭火机在哪里，他反问我为什么要灭火机。我说恐怕绑在外面的五加仑油箱着火，他笑着："呵，那不是汽油，那是给他们前面的人喝的开水。"他再把车子发动，我们在铁桥附近渡过了南姚河。那时候我心情平静。一面想：中战车真好，要比轻战车少好多颠簸。

车子在一条牛车路的左右走着，我把地图对照地形，知道我们的路线完全贴着腊戍以东的山麓。起先，我们距滇缅路一千五百码，后来慢慢折向西南，隔公路愈加近了。这一片地区内，都是半遮蔽的灌木林和完全暴露的耕地，中间有几棵大树，地图上还有一根小黑线表示这里有一条浅沟，但是事实上浅沟的宽度有十几码。我们曲折地走着，到老腊戍附近，才超越过这条浅沟。这时候我们在耳机里听到排长向孙连长报告："我们过了第二道河，我们过了第二道河，到老腊戍了，到老腊戍了。"

老腊戍有很多房子，虽然给机关枪打了很多洞，但是还没有完全破坏。附近有几所房子，围墙、园门、屋檐都是国内的式样，旁边也种着一丛丛的竹林，大有江南风味。昨天晚上，陈团长的第二营才攻到这里，沿路我们看到几个步兵踞在芦草下的工事里，他们的姿势那么低，我们就从侧后方上来。不仔细都不能发觉他们的位置。

后面自动炮架上的炮弹倾箱倒箧地在我们右侧方爆炸，照地图上看，都在新腊戍西北几座高地上，恐怕今天曾长云营长还有一场激战。我们的前面却还静悄悄地没有战斗。

绕过一个小村庄，看到三十四号。三十四号的人看到我们来了，都从车底下跑出来。十四号又用无线电指示："留一个机工，留一个机工在这里，分一半给养与水给他们，分一半给养与水给他们：你们快点跟我上来，快点跟我上来。"我们遵命照办，这一次我更看清楚了，绑在前面的油箱装着开水，不是汽油。

车子再继续前进，十四号叫我们成梯队，他自己在前面，我们在右后方，十一号在左后方。队形隔公路只有二三十码，看到公路上有一座白塔，我们大家心里明白："脱离步兵线了。"我们三部战车都没有放掩盖，为了遮蔽敌眼，大家都钻着灌木林前进。地面并不很平，我看到左伯春很吃力，随时要摇动左右操纵杆，有时候还要用倒挡。车长孙鹏站在炮塔上指挥，唯恐车子掉在芦草丛里的深坑或者污泥地里去了，有时候他很着急，就在无线电里叫："左伯春，向右，快向右一点！快！右边在哪里你都不知道！"

我也并不痛快，车子尽向灌木丛里走，很多小树枝都晒干了，履带一压过去，树尖变成了半寸长的木屑，一跳就跳到我衣领里面。灰尘比我吸进去的氧气还要多。又走了七八分钟，才到一〇一号的停车位置。

一〇一号的附近比较开阔，我们开到附近，孙车长告诉我们，这芦草边再上去一千码，就到了新腊戍。我想看看新腊戍，但是极力看去，只看到两间草房子，看不到街道。

"敌人的炮来了！"

果然，弹头波越来越近，四周空气一紧一松地在画圈子，然后在我们一百码后面突然爆炸。"赶紧把车子隐蔽起来，敌人的观测所就在山上！"

孙鹏、左伯春和我赶紧跳上车子，像松鼠一样快，左伯春把车子一直开到灌木丛里深进去二十码，才把车子熄火。这时候我们又听到敌人的弹道波在空中画圈子，这次圈子画得比较大，炮弹落得比较远一点。

又有四五发炮弹在我们后面好像我们越过那条浅沟的地方爆炸。但是他这一射击，给我们联络机看到了，我们重炮马上吐出一百磅左右的"大铁筒"去制压。我们听到"大铁筒"在腊戍后面的爆炸，真是撼天动地。

赵营长在一〇一号车子附近。有两部轻战车早上出去侦察新腊戍的敌情，这时候到达这里，他们几个人研究敌情去了。我们没有事做，听到敌炮被制压了，胆子又大起来，慢慢跑到车上站在炮塔上，指手画脚地看新腊戍。

我刚从芦草里伸出头来，看到山顶上的几间房子，忽然觉得不对，敌人的弹头波又来了。并且听得非常清楚，正对着我们越来越近，弹着一定就在我们的位置，马上要和地面接触了，我直觉得今天可糟了，慌急之中我向副驾驶手的圆洞里跳，我还只跳了一半，耳鼓里来了一下开天辟地的大震动："康！"接着是一阵轰轰轰的声音，烟硝塞鼻。

这发炮弹掉在我们正前方二三十码，幸亏前面是芦草盖着的深沟，我们叫这条深沟做救命沟，要不是它，我们现在最低限度是躺在医院里。

"敌人炮兵还有这样的厉害呀？"我的头上在跳洞的时候被掩盖边擦去了一线皮，我们不敢再伸头看新腊戍了。

后来我们躺在战车下面也不知道躺了多久，我们的战车熄了火，但是无线电机是打开的，里面在说话：

"长沙、北平，我是十一号，我是十一号，安平回来了，安平回来了。据华侨说，据华侨说：城里的敌人不多，城里的敌人不多，营长的意思，营长的意思，要华侨带路，要华侨带路，我们三个先去干他……"

"要我们三个去干！"一阵兴奋，大家又从车底下跑出来坐在地上。

可是，孙连长说：要我们等他一下，他12点钟自己来，并且准备把大小"家私"一起带上来，要去大家一块儿去。以后的无线电我没有听到，不知道是说街市上不宜挤多了战车？还是机会不可错过？到最后，孙连长依然同意我们"三个"先上去。孙鹏叫左伯春把战车发动，又问我去不去，我答复他当然去。于是，大家就位，战车发动。先倒车到原来的地方，再成梯队，向右转，前进。赵营长派那担任搜索的轻战车到白塔附近去找步兵的排连长，把华侨的话告诉他，并且要他们协同动作。一五一号去了，他没有找到他们的官长，他看到一班步兵，要这十几个弟兄统统爬在车上就一起载了上来。

这班长是一个很古怪的家伙。他说：他的排长已经带着两班人沿公路到街市上去了，他是援队，本来要听前面的记号才能上去，刚才排了两次联络枪没有听到排长的回声。现在既然如此，你们战车绕街市的左边前进，步兵当然靠右边，反正是要上去的，现在没有排长的记号，他也就不管了。"成散兵行！前进！"他带着他的一班人沿公路向腊戍方向去了。

战车梯队向前又卷平了一堆灌木，才到通市区的大道。这是新腊戍的东北角，这些地方有很多飞机炸弹的弹痕，我们改成纵队前进，并且在变换队形的时候，我和左伯春放下了掩盖。

潜望镜里又是人生难得看到的图画，转过一个弯后，新腊戍突然整个摆在面前。沿着山谷都是五码以上宽度的土路，从山腹到山顶，到处摆着灰色砖房、红色洋房，夹杂着几个矮小的土房和点缀景致的小树。眼前这几十座建筑突然出现得这么近，而且摆在那边这么静，一个人影也没有，仿佛如在梦寐。火车上的旅客，在月夜里经过一座小城市的时候，或者可以看到这样的一幅图画。但是，现在太阳当顶，这种景象只有战场上有。啊！这种静肃静得叫人心慌。

我把座前的小灯打开，再旋动潜望镜，这间房子就是地图上这一点小黑点，我们正由东北角突入市区。三部战车还是成纵队前进，我们仍旧在后面。耳机里又讲话了："一二八号，一二八号，我是十四号，我是十四号，你靠右边一点，但是不要向右边射击，那边有步兵上来。你听到了没有，你听到了请你回答我。"孙鹏在炮塔里回答："十四号，十四号，我是一二八号，我是一二八号，你讲的话我听到了，你讲的话我听到了！"他回头叫左伯春靠右。这时候，我回头看去，他还没有关上炮塔上的掩盖。

我把重机关枪子弹带上好枪身，固定销也松了，一个房子过去了，没有开始射击，两座，三座房子过去了，也还没开始射击。我总得找点事做，我拿水壶喝了两口水，又把无线电的接头接紧。我觉得头上在流汗。

到山腹上了，两边的房子看得清清楚楚。外面红瓦灰墙，里面是奶油色。三部车子在附近停留下来。十四号叫："现在开始射击。"话刚说完，他们车上已经开火，我们炮塔上的机关枪也在开始射击。

正前方，道路悬挂在山腹，一眼看出可以看到四五百码，前面几个山头也看得清清楚楚。右侧有另外一条路在这里交叉，沿那条路上山可以到新腊戍的中心区。现在我们机关枪射击正前方一座掩蔽部，十一号车子旋转炮塔对准对面山头，昨天他们发现那边一带有敌人的平射炮，他们对那边炮击了两发。我紧握着枪柄也对着前面掩蔽部附近连续射了几十发，曳光弹四射，我的弹着低了，修正之后，我又射击了二三十发。

孙车长也在那边喊："我们小心一点，不要向右射击。"我把枪身和潜望镜旋向左面，房子基脚上可能有敌人潜伏，我又对那边扫了一阵。

左伯春又把车子向右旋，我才看清楚，右边上山的路曲折成之字形，我们没有沿路走，只对着之字的中央直爬上去。一路孙鹏在叫："左伯春小心一点，注意路上的地雷！"我一路射击房屋的基脚，有时候也帮左伯春看看路面上。我们一共只有三部战车，要是我们的履带给地雷炸断了，或是给炮弹打坏了，这是如何严重的灾难！

爬到山顶上，房子更多了，想不到山顶上还有这样一块平地。我们开进一片旷地，里面还有一个足球场！再进去一点，两间房子外面用木杆钉着"停车场"三个字，这一定是敌人的司令部。门口还有一座三个大口的掩蔽部。左伯春把车子停了，孙鹏在叫："向后摇，向右后摇！"我回头看去，射击手正旋转炮塔，弹药手已经拾起一发炮弹，他们的掩盖还没有关。"康——当！"火炮的后坐力使车子震了一震，弹药筒掉在铁板上，发出一响清脆的声音。我们隔那座掩蔽部只有五十码，这一下烟灰在那上面开了花，这阵烟花慢慢地慢慢地放大，好像黄色颜料笔浸在一杯清水里一样。十一号和十四号也在拼命射击，我看到他们机关枪口的曳光弹，有几颗曳光弹刚出枪口两三码就掉下来了，继续在地上燃烧，放出一团红光。我也摆动我的机关枪，向房屋的楼上和地下都很干净地扫射了一阵。根据我们的经验，这下面可能藏狙击手——可是我的枪发生故障了。

我尽力地拉机柄，但是拉不开，并且枪身烫热。我在座位右边拾一块布片包着机柄用力才把它拉开，又拉了一次，一发不发弹跳了出来，枪又可以射击了。我的心松舒了，我觉得衬裤都被汗湿透了。

右前方也是敌人的工事，附近有很多芦草，因为在右方，我想问孙车长，好不好射击，半天他没有回答。我低头一看，发声带和无线电接线已经断了，我赶紧接好。但是孙车长和炮塔里的几个人很忙，他们尽量在发挥炮塔上枪炮的火力。我想：我低一点射击大概没有关系，我把枪身稍稍放低，食指摆在扳机上摆了好久，机关枪在哗哗地歌唱，盛弹壳的布袋越来越重。我们离开那里的时候，芦草正在着火燃烧。

我打完了一条弹带，赶快再在脚下拿出一箱子弹。我偷看左伯春，他没有机关枪，一到车子停止的时候，就转着潜望镜看四面的道路。

车子又继续爬坡，爬到顶上继续下坡。我们已经深入市区，经过一道柏油马路。房屋越来越密集，我们也越射击越凶。我计算，我们在街上起码走了一英里。忽然孙鹏在上面叫："左边有敌人，快向左摇！"我把潜望镜向左旋过去，左边是一片空旷地，上面有好几个弹痕和倒在那里的木头，四百码之外，有两栋房子。果然，有一个人在那边横跑过去。我想摇动机关枪，不行，我的机关枪不能再左了。这时候炮塔上开炮了，孙鹏叫："太低了。"又开了一炮，才把那两栋房子给尘土笼罩住。

我记得很清楚，我们由东北角插进新腊戍，一直穿到南面的尽头。那边有短短的两条街，房屋建筑和重庆的过街楼附近一样。我们还看到一家别墅式建筑，门口停着一部小轿车，在那附近射击时，有一条狗突然跑出来，在我们的弹道下突奔而去。

我们折转回来，再到一处山坡上的时候，十四号叫我们到他们右边去，右边都是飞机炸弹的弹痕，孙鹏回答他："地形不许可。"就在这时候，一声爆炸，许多颗粒掉在我们车子的装甲上。孙鹏喊："快拿药箱给我。"左伯春把座右的药箱递过去，我也跟着他递药箱的手右后面望去：孙鹏自己负伤了，他用手掩在头上，一脸都是血。

我觉得不大妙。我想：今天这次攻击恐怕还要遇到一点麻烦，还有麻烦……

幸亏孙鹏还很镇静，他在指挥射击手和弹药手帮他敷止血粉，左伯春自动把车子向左前方靠了一点。我看到炮塔上的掩盖还没有盖，我刚要叫唤，他们已经把掩盖放下去了。

这时候全车都在黑暗中，只有座前的小灯和掩盖上的空隙有一点点微光。炮塔上的人都帮车长止血去了，整个炮塔像一只没有舵的船在自动旋转。我觉得我目前的责任应该加快射击，免得被敌人的步炮兵乘隙。但是我刚射击了两发，枪又发生故障了。

又一颗炮弹在我们和十一号车子之间爆炸，隔我们不到十码，我看到整个的漏斗形，虽然关了掩盖，一阵阵灰与硝土仍然塞进掩盖的空隙，扑在我们面上。机枪依旧拉不动，我又不知道车上的天线杆打断了没有，我觉得一身燥热……

忽然听得孙鹏叫左伯春倒车，心里稍为镇静一点。一下我猛然发觉机枪上的故障是弹带上的弹头不齐，我抽出一个子弹，又拉了一次机柄，枪又好了。同时炮塔上的枪炮也再度射击。孙鹏向十四号报告他头上被打了一个洞，没有什么关系，还可以继续战斗。无线电里我们听到十一号车上也打伤了一个。

我以为我们回去了，但是不，我们从炸弹痕边打了一个转，又进了一条街。路上有地雷，我们仍旧在道路以外走，又经过了一所空洞洞的房子，上面有"酒保"两个大字。

再穿出一条小路，到底回去了。半路上有一个步兵排长提着冲锋枪跑到战车旁边问情况，赵营长打开掩盖和他说："城里的敌人不多，我们所看到的掩蔽部和房屋基脚，都经过彻底的射击……"

我们回到出击阵地已经午后两点，我们一到，孙连长他们的第二批又出发了。孙鹏的头上虽然结了一层血壳，但是没有关系，红十字车又帮他绑扎了一次，他觉得有点头昏，但是精神很好。他说："这是炮弹打在附近墙上，把砖瓦飞起来打中的，要是破片打在头上那还得了……"第十一号车子上的射击手也伤在头上。还有，我们的炮塔不能固定了。

面上的烟灰使他们不认识我，我在地上走了五分钟，才慢慢知道脚是站在地上。左伯春给我一包饼干，我胡吞胡吞就吃完了，好像塞在人家的胃里。

我看到赵营长："今天我们和营长是第一批漫游新腊戍……"

赵营长："哪里是漫游，简直是破坏新腊戍！"我们并非有意破坏新腊戍，他故意用这样"猖獗"的字眼来提高他营里的战斗精神。

当天晚上，陈团长的步兵占领了新腊戍街市的一半，同时他把西北角山地的敌人肃清了。第二天上午，他占领了整个新腊戍。

三月二十三日至二十八日《军声》

"业余新闻记者"

（代跋）

在缅北战地，我以正规军人而兼写些战讯，很多同事们开玩笑称之为"业余新闻记者"。我因为这名字响亮好听，也就受之不疑。

以上这十几篇通讯就是从事业余新闻记者一年多的记录。一年之内，只写了这一点点东西，觉得很惭愧，但是有"业余"两个字给我做掩护；既是业余，则质与量的方面，当然要比职业的记者差了。

严格讲来，通讯虽有十几篇，内中有新闻价值的却很少。因为我没有一种按时间向某一家报纸通讯社供给新闻资料的必要，不过随业务上的便利叙述战场上的几个故事。现在把这些故事印成一册，也不过是留点纪念的意思。好了，我既然已经拖泥带水地把这一点见闻出版，就索性再来一个画蛇添足。以下是这些故事中的故事：

因为是军人，我比很多新闻记者要多得很多便利。例如说：我可以在司令部里知道敌情和我军行动的概要；到各作战单位去时，行动比较"轻便"；我很容易和各单位的下级干部混熟，不大费力就可以知道战斗的实况、战场上至微细的点缀和战斗间至机妙的变化……

但是，也因为我是军人，而且有了固定的工作，所以要多遇到很多困难。我的行动应当以工作为准据，不能以新闻价值和趣味作准据。这一年多来，有好几次有报道价值、有欣赏趣味的战役我都不能参加。例如加迈孟拱合围时我在战斗部队的三十英里后面，在电话里每天听到陈鸣人团长在西汤苦战，窦思恭营长在继续南下，我就始终没有机会去看一看他们。又如南坎外围五三三八高地之役，是缅北空前未有的遭遇战，新三十师在那边以一敌六。到事后我听到陈星樵团长说："敌人用讲话队形部队长官讲话时，将每连之三排合围马蹄形，通称讲话队形。此处形容敌兵员之密集。冲我的山头，后来情况变化，他们用电话通知我，说是有几百敌人跑到团部后面来了，我就只能用一个战防枪排去对付他们……"这是如何壮烈的战斗！结果他们还是大获全胜！但是他们激战的几天，我正在大后方。我不想把所有的战役记载下来，但是我曾希望把顶出色的战役亲自看过之后记载下来。我之特别提起上面两次战役，因为这是我最大的憾事。

我自己有这么一个癖好：我想在文字里注意营以下的动作，而极力避免涉及高级长官。当然，我在这小册子里面也曾偶一提及高级长官，但是都再三考虑过。我很羡慕很多美国记者的办法：他们的战地通讯，不提及战略战术；他们自己和第一线战斗兵共同生活，晚上睡自己掘的掩蔽部。所以他们的文字，是战斗兵的行动、战斗兵的生活与战斗兵的思想。战地通讯里有这一点艺术的忠实，特别值得玩味；我们高兴看战斗正在进行的画片或电影，也是基于同一的爱好。战场上有很多生动的镜头，例如枪响炮飞之下，许多蝴蝶还在树林内来去；一场剧战之后，阵地的突然沉寂，工兵架的小浮桥在河上生出倒影……都是要亲所目睹，才知道景象的真切。叙述大部队行动与高级官长的指挥时，文字容易重复；但是你如果记述战斗，只要你有耐性，尽可以看到每天的经过都是新鲜的。我并不是说每个新闻记者都要如此，战地通讯的头绪万千，像约翰·根室的专叙人物，何尝不流利、生动、有趣，我在这里再三唠叨不过提出一点癖好，以及这癖好的理由。在本册内自拉班追击战之后，我希望以后所写通讯都以亲自在战斗部队目睹为限（当然，也有一部分不是，如加迈孟拱战役）。这一年以来，我在各部队里，各部队长官给我莫大的便利；他们除了给我经常工作的便利以外，还给了我很多"业余新闻记者"的便利。只是我想要保存我的癖好，对于没有真切看到的战斗，或者看到而不详尽的战斗，或者还因为本身工作所限，却不能一一为之表扬。对于各位长官，我真感觉得歉罪。让我再说一句吧：我不愿丢掉我的癖好。

还有好几次，我遇到几位中级官长对我说："你不要在文字里太强调了补给和炮火，人家以为我们驻印军的胜仗……"但是我觉得补给圆满、火力充分与打胜仗的荣誉无伤。补给好、火力强只是打胜仗的一个条件。战略战术的运用，战斗的强韧精神，只会与这两个条件配合而相得益彰，决不会被这条件埋没。况且许多都是战斗间的事实，如果截去那一部分，就等于抹杀事实。我自信并没有对这两点有任何的夸张。或者还有些没有到过缅北战场的读者，会怀疑我对地形的叙述太夸张。我可以笼统地答复：一点都没有夸张；只有文字没有力量，还没有把事实上的强度全盘描写出来。

这十几篇通讯没有能够有系统地将缅北各战役作一剪影，但是还保存了几场战斗的细节；这中间包括两次战车攻击，一次飞机轰炸，一次负伤和几次步炮兵的战斗。可惜的是，我没有参加迂回部队的经验。伐路前进和迂回，是缅北战场的杰构，每一次参加这种动作的部队要忍受不可形容的苦痛，到达指定地点以后要准备几面受敌，一直要等到正面部队收积战果之后才有充分的休息与补给。我曾几次想参加这样的行动，但是都因为职务上的关系不容许。有一次，并且和领队的营长商量好了，结果还是接到旁的命令只好临时弃权。假使我能参加那么一次，这本小册子一定要生色不少。

又这十几篇文字何以会成为现在的面目，我也愿意作一个别的解释：

《更河上游的序战》和《缅北的战斗》都是在战线后方写的，但是内中的资料，除了一部摘自战报之外，曾参照参加战役的人员谈话。前者在《大公报》发表时，用的登新闻的双标题："我驻印军锋芒小试，更河上游予敌重创。"至于后者所以用那样一个笼统的题目，是因为当初准备以新闻为主体，将继续发生的各战役以每次一千字左右连续写出，作为一个像专栏样的东西。后来一方面没有报纸合作，一方面到前方以后，我也知道时间、空间的环境不容许，才决定改变初衷。所以一篇大奈河，一篇大洛的战斗，也顶上那样一个大帽子，又：这里面的××部队是新三十八师主力，□□部队是新二十二师六十五团。

《孟关之捷》全篇以获取敌人的退却命令作故事的连锁。这故事得自同学邓建中副营长处。他那时候在新三十八师当情报参谋，命令就是他翻译的，但是我要增加文字的小说性，竟把他写成一位戴高度近视眼镜的日文翻译官！这里面的"李明和"、"穿山甲"都有相当的根据，只是读书不要太认真了，这不能完全算战地通讯。又这篇文字初在《大公报》发表的时候，被编者截去第一段的一部分，我觉得截断之后，故事与句法都受影响，现在我仍把它恢复成原来的样子。

《拉班追击战》所写的美国联络官 McDaniel 上尉，一个月后果然升了少校，以后我们在八莫相遇，还互称患难朋友。在炮战的一段内提及的炮兵连长是山炮第一连金连长；观测员是李克少尉，我在密芝那负伤住院时和他同一个病房，他后来在瓦拉渣附近受伤，一块破片几乎截断他整个的右臂。据他说：拉班那几天，是作战以来敌人轰击我们最猛烈的一次。里面所叙的"李大炮"是李营长定一（现在以战功升团长），他的绰号是中西闻名的，美国军官也都叫他 BIG GUN LEE。

《密芝那像个罐头》里所写的凡公师长是前任新三十师胡师长素，□□部队长是前任八十九团王团长公略，杨先生是杨团长毅，□□部队是龙师长天武所部的十四师第四十二团，我曾在该团的第六连任排长，这篇文字后来带给旧金山一家中文报纸转载，但是刊出时并没有用转载字样。

《八月十四日》写过之后，我曾去新维附近。据一位华侨说，朱参谋他们一行的脱险并不是那样简单而充满喜剧性。他们一遇到云南同胞，大家就知道他们是空军人员。后来有几位华侨，由一位曾在军校毕业的同学领导着，一同护送他们到游击区。以致敌人迁怒于当地土司和华侨会长，他们两个都被捕，土司逃了，华侨会长就被敌人戕害了。又《八月十四日》这一中队是空军第一大队第四中队。

以上各篇除了《八月十四日》是在办公室里慢慢追忆的以外，《密芝那像个罐头》是在病院小铁椅上写的，其余大都在前方指挥所写成，大部分文字都是赶住时间性，没有什么时间思索。我现在再读一遍，我知道其中的缺点。这共通的缺点是对故事没有剪裁，文字的重点形成微弱。假使一切再来过一遍，我猜想我会写得比现在要好。

最后，我要衷心感谢桂公副总指挥（郑洞国将军字桂庭），没有他的鼓励和引导，这本小书还不能写出。他在前任新一军军长和驻印军副总指挥任内，分配我的工作时，都兼顾我的志愿与兴趣。《密芝那像个罐头》的第一段里，可以窥见他的作风（加迈孟拱战役前他是新一军军长，尔后因战功升任副总指挥，总指挥为史迪威将军兼）。尤其可感的：他从来没有限制我写过什么或者禁止我写过什么，他不仅没有示意我为他个人宣传，并且觉得以写"温和的微笑"为无聊。缅北作战时，他和我们一起淋着雨，一起在尺多深的泥面里一口气跋涉几英里路。瓦拉渣之役，他亲往第一线营连，密芝那之役，他一度跑到距敌五十码的坑道内，并且多少次在敌阵上空飞行。这些事迹，他都任之默默无闻。这本书七八万字，没有一个字在排成铅字之前经过他或者他指定的人看过。他自己就往往做我贴报簿上的读者，《密芝那像个罐头》在《大公报》发表之后一两个月，他才有机会看一遍。他的批评是："太长了，把你自己写成故事的中心人物也不大好。"所以我特别钦慕他那种尊重事实和谦冲的美德。这本书的材料收集一半时，他鼓励我"再多写些"。我能够提笔乱写，没有做"御用"记者，还能保持"业余"的身份，对他这一点感谢之意不算"颂圣"。并且就算是位"业余新闻记者"在付印之前，也不准备交他看。

民国三十四年三月三十一日，雷多公路